프랑스
이니셜
자수

A-Z ALPHABET SHISYU 547
ⓒ E&G CREATES 2015
Originally published in Japan in 2015 by E&G CREATES, TOKYO.
Korean translation rights arranged with E&G CREATES, TOKYO,
through TOHAN CORPORATION, TOKYO, and Botong Agency, SEOUL.

이 책의 한국어판 저작권은 Botong Agency를 통한 저작권자와의 독점 계약으로 싸이프레스가 소유합니다.
신 저작권법에 의하여 한국 내에서 보호를 받는 저작물이므로 무단전재와 무단복제를 금합니다.

프랑스 이니셜 자수

applemints 지음 | **김수연** 옮김 | **헬렌정**(최수정) 감수

프랑스 이니셜 자수
alphabet embroidery

contents

꽃
p.16 · 17

튤립
p.20

은방울꽃
p.21

미니 로즈
p.24

잎
p.25

나비
p.28

꿀벌
p.29

식물 장식
p.32 · 33

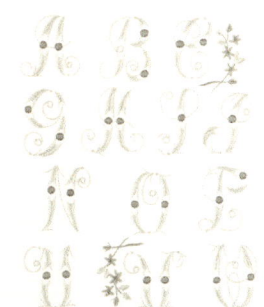

그러데이션 로즈
p.36

호랑가시나무
p.37

동물
p.40 · 41

새
p.44 · 45

리본
p.48 · 49

버섯
p.52 · 53

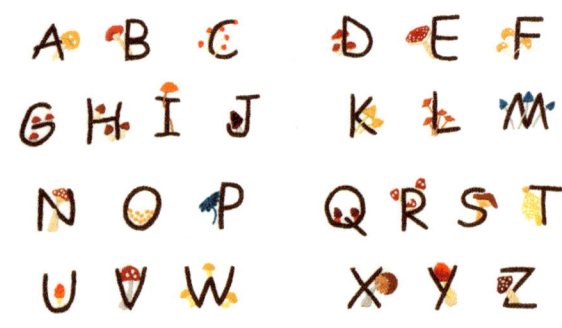

테두리 장식
p.56 · 57

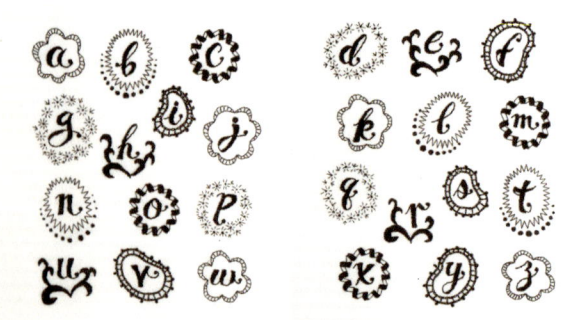

채소 · 과일
p.60 · 61

로제트
p.64·65

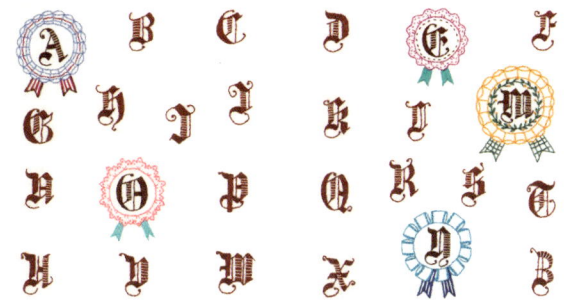

풍선
p.68

깃발
p.69

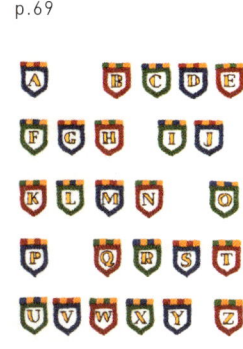

엠블럼
p.72·73

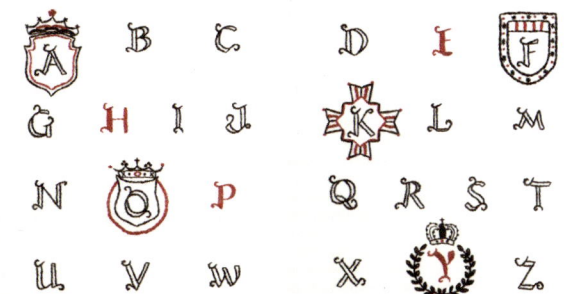

눈 결정
p.76·77

p.8 - 11	소품에 수놓다
p.12 - 15	스티치 수놓는 방법
p.80 - 81	수놓기 전에
p.82 - 83	자수실의 가닥수에 따른 차이

* 인쇄물이므로 실 색상은 표기된 색 번호와 다소 다를 수 있습니다.

* 이 책에 실린 작품은 주로 올림푸스 자수실(25번)을 사용했습니다. 그러나 이 실은 한국 내에서는 구하기 어려우므로, 편의상 이를 대중적인 DMC 자수실 번호로 변경하였습니다.

* 도안 페이지의 천은 올림푸스의 자수 천(오프화이트색 에미클로스)을 사용했습니다.

Idea for embroidery

소품에 수놓다

알파벳 자수를 즐기는 방법은
굉장히 다양하답니다.
원하는 소품에
알파벳 자수를 수놓아
나만의 스타일로 만들어보세요.

아기 모자

276
photo ▶ p.40

스톨

373
photo ▶ p.56

턱받이

326
photo ▶ p.49

물병 케이스

181
photo ▶ p.29

헤어 액세서리

44・72
photo ▶ 44/p.20 72/p.21

북 커버

303・313
photo ▶ 303/p.44 313/p.45

코스터

408・410
photo ▶ 408/p.60 410/p.61

액자	209 - 234
	photo ▶ p.36

가방	367
	photo ▶ p.56

양말	522의 눈 결정
	photo ▶ p.76

파우치	136
	photo ▶ p.28

※이 작품에서는 실을 검은색(310)으로 바꿔서 수놓았습니다.

※이 작품에서는 'F'의 실을 파란색(930)으로, '나비'의 실을 노란색(726)과 갈색(938)으로 바꿔서 수놓았습니다.

손수건
185
photo ▶ p.32

쿠션 커버
418
photo ▶ p.64

장갑
436
photo ▶ p.65

카디건
103
photo ▶ p.24

※ 이 작품에서는 실을 흰색(BLANC)으로 바꿔서 수놓았습니다.

스티치 수놓는 방법

이 책의 작품에서 사용하는 스티치입니다.

※ 설명을 위해 5번 자수실로 수놓았습니다.
※ 도안 페이지에서는 '스티치'라는 표시를 생략했습니다.
※ 휘프드 체인 스티치는 p.83 참조.

Running stitch
러닝 스티치

① 1에서 바늘을 빼고 2~3과 같이 한 땀씩 수놓습니다.

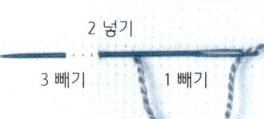

② 같은 방법으로 4~7을 반복해 바늘땀이 균일하도록 수놓습니다.

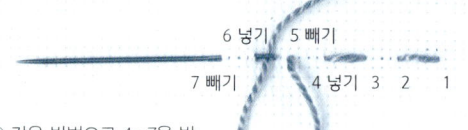

Back stitch
백 스티치

① 1에서 바늘을 빼고 한 땀 되돌아가서 2에 바늘을 넣은 다음 3에서 뺍니다.

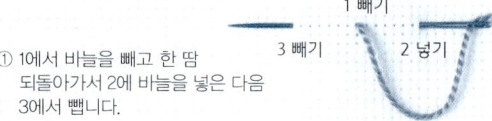

② 같은 방법으로 3에서 한 땀 되돌아가서 4(1과 같은 곳)에 바늘을 넣고 5에서 뺍니다.

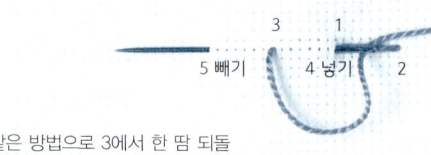

Outline stitch
아웃라인 스티치

※ 왼쪽에서 오른쪽으로 진행합니다.

① 1에서 바늘을 빼고 한 땀 앞쪽의 2에 바늘을 넣은 다음 반 땀 되돌아가서 3에서 뺍니다.

② 같은 방법으로 3에서 한 땀 앞쪽의 4에 바늘을 넣고 반 땀 되돌아가서 5(2와 같은 곳)에서 뺍니다.

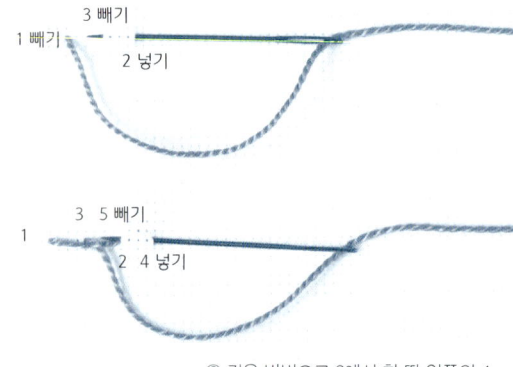

Couching stitch
카우칭 스티치

※ 여기서는 알기 쉽게 두 가지 색의 자수실을 사용해 설명합니다(같은 색으로 수놓는 경우도 있습니다).

① 첫 번째 색의 실(중심 실)을 A에서 빼고 도안의 선을 따라 놓습니다. 두 번째 색의 실(고정 실)을 1에서 빼고 1의 바로 아래쪽 2에 넣은 다음 3에서 뺍니다.

② 같은 방법으로 두 번째 색의 실(고정 실)로 첫 번째 색의 실을 고정합니다. 마지막에 첫 번째 색의 실을 B에 넣습니다.

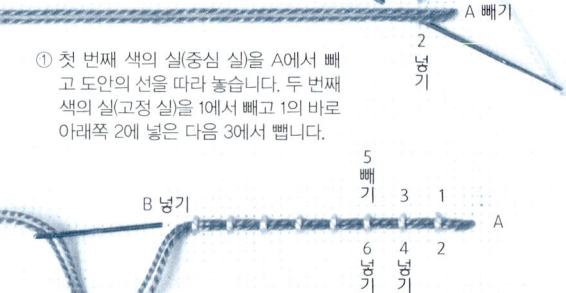

Chain stitch
체인 스티치

① 1에서 바늘을 빼고 2(1과 같은 곳)에 넣은 다음 3에서 뺍니다. 바늘 끝에 실을 걸고 바늘을 위로 뺍니다.

② 같은 방법으로 4~5를 반복해 바늘 끝에 실을 걸고 바늘을 위로 뺍니다.

③ 마지막은 8(7의 약간 앞쪽)에 바늘을 넣습니다.

Straight stitch
스트레이트 스티치

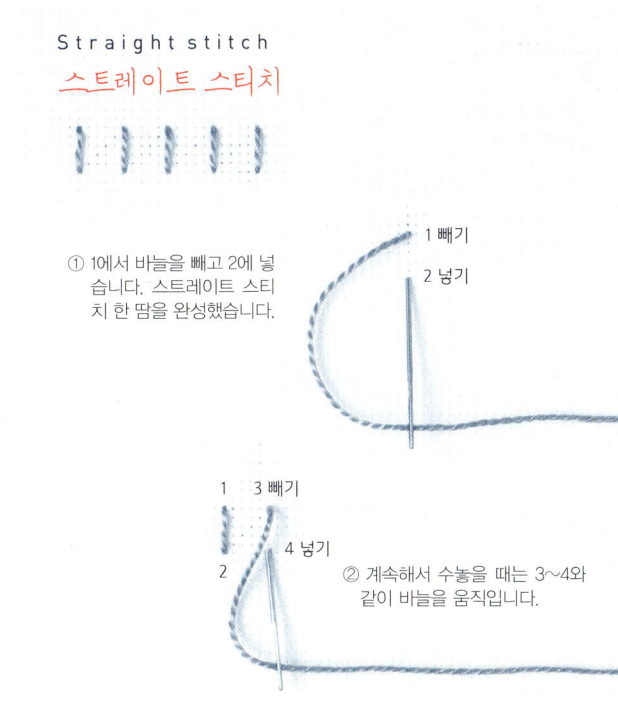

① 1에서 바늘을 빼고 2에 넣습니다. 스트레이트 스티치 한 땀을 완성했습니다.

② 계속해서 수놓을 때는 3~4와 같이 바늘을 움직입니다.

French knots stitch
프렌치 노트 스티치

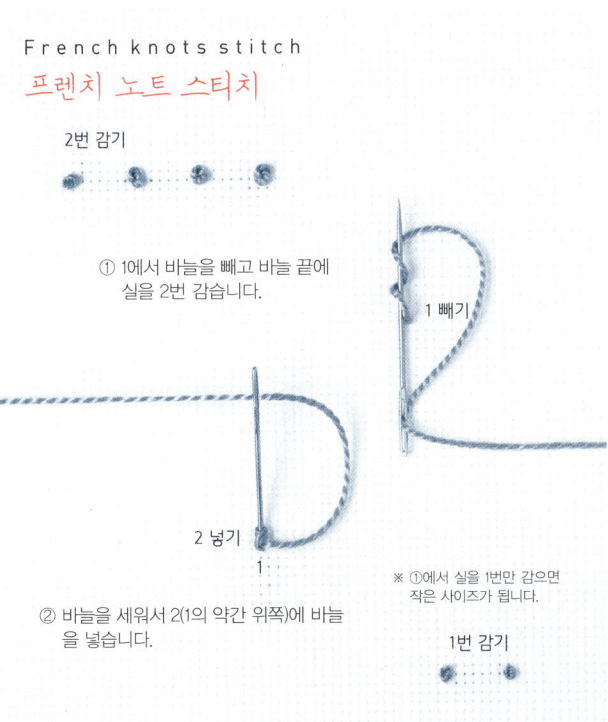

① 1에서 바늘을 빼고 바늘 끝에 실을 2번 감습니다.

② 바늘을 세워서 2(1의 약간 위쪽)에 바늘을 넣습니다.

※ ①에서 실을 1번만 감으면 작은 사이즈가 됩니다.

Lazydaisies stitch
레이지 데이지 스티치

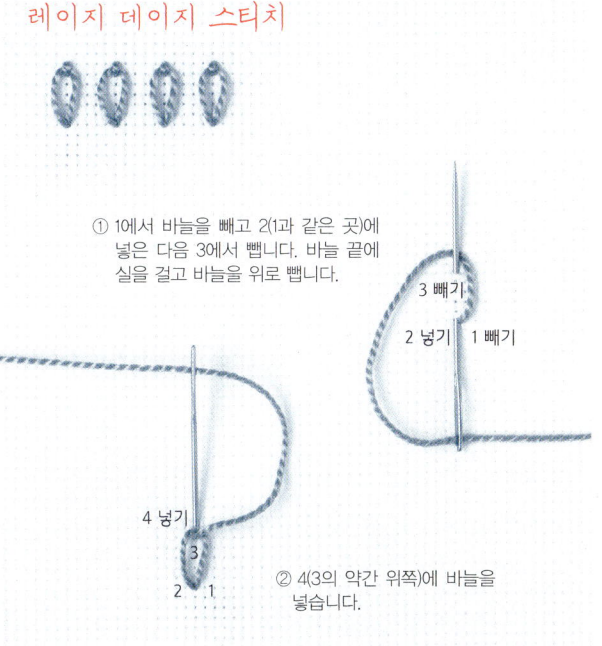

① 1에서 바늘을 빼고 2(1과 같은 곳)에 넣은 다음 3에서 뺍니다. 바늘 끝에 실을 걸고 바늘을 위로 뺍니다.

② 4(3의 약간 위쪽)에 바늘을 넣습니다.

Fly stitch
플라이 스티치

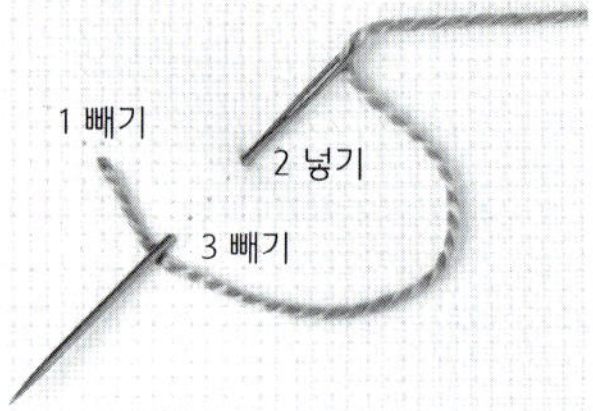

① 1에서 바늘을 뺀 다음 실을 아래쪽으로 걸치면서 2~3과 같이 수놓습니다.

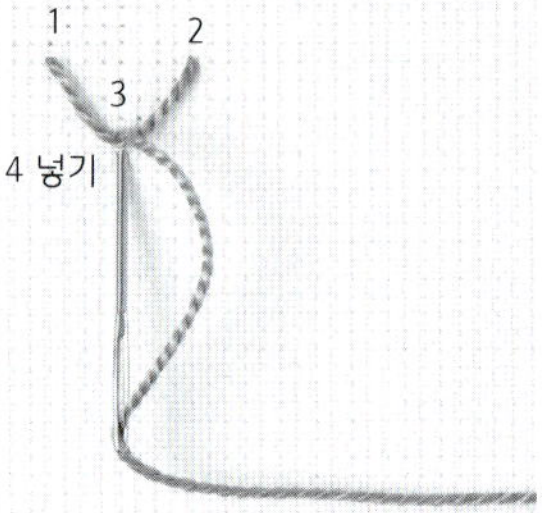

② 처음에 걸친 실이 V자 모양이 되게 실을 잡아당기고 4에 바늘을 넣습니다.

Feather stitch
페더 스티치

① 1에서 바늘을 뺀 다음 실을 아래쪽으로 걸치면서 2~3과 같이 수놓습니다.

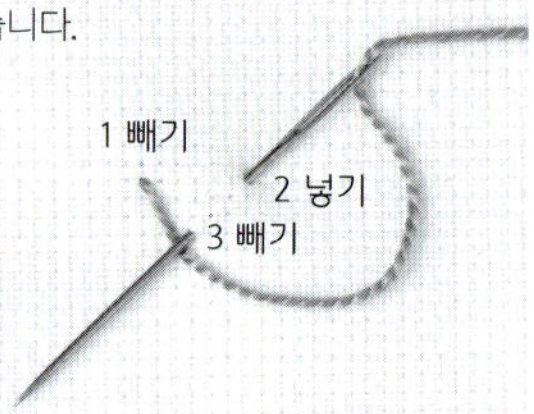

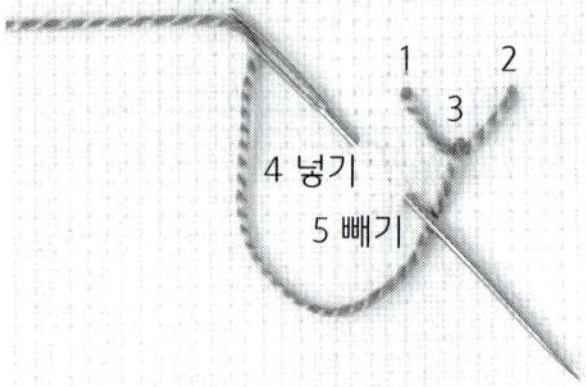

② ①의 진행 방향과는 반대쪽에서, 실을 아래쪽으로 걸치면서 4~5(1의 아래쪽)와 같이 수놓습니다.

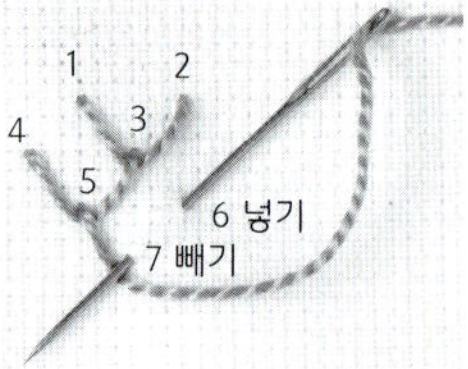

③ 이번에는 ①처럼 진행하되, 실을 아래쪽으로 걸치면서 6(2의 아래쪽)~7(3의 아래쪽)과 같이 수놓습니다.

Cross stitch
크로스 스티치

※ 실을 교차시킬 때 / 또는 \ 가운데 어느 쪽이 위로 오든 상관없으나, 한 작품 안에서는 통일해서 수놓습니다.

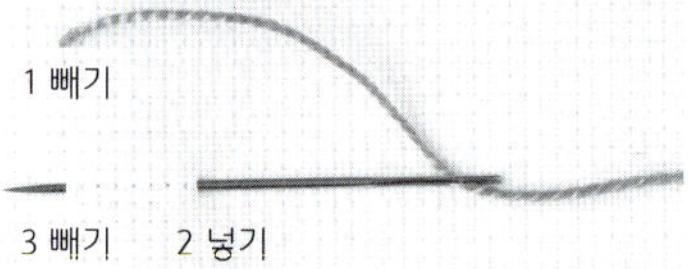

① 1에서 바늘을 빼고 2에 넣은 다음 3에서 뺍니다.

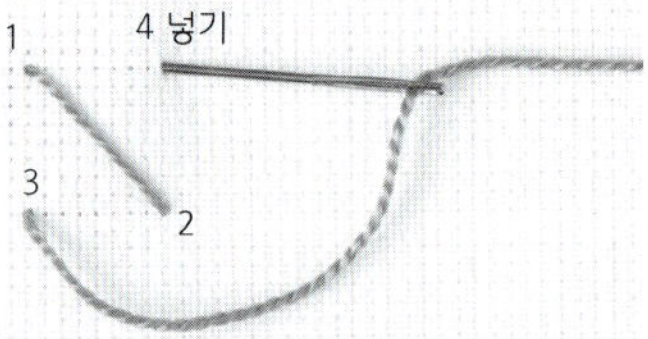

② 바늘을 4에 넣습니다.

Double cross stitch
더블 크로스 스티치

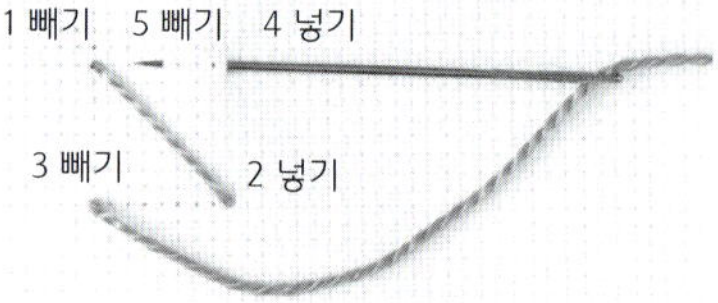

① 1에서 바늘을 빼고 일단 1~4까지 크로스 스티치를 수놓은 다음 바늘을 5(1과 4의 중간 지점)에서 뺍니다.

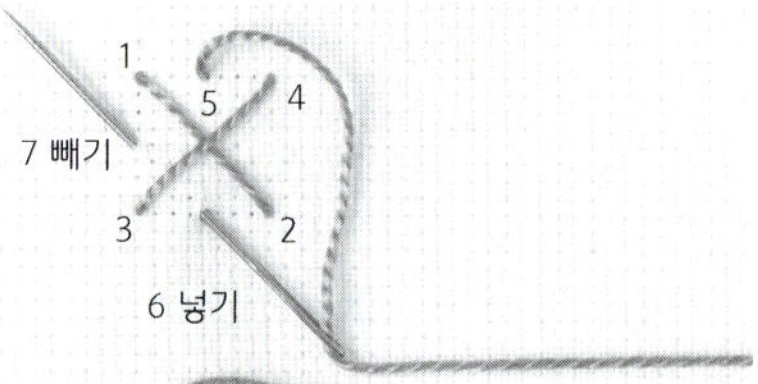

② 바늘을 6(2와 3의 중간 지점)에 넣은 다음 7(1과 3의 중간 지점)에서 뺍니다.

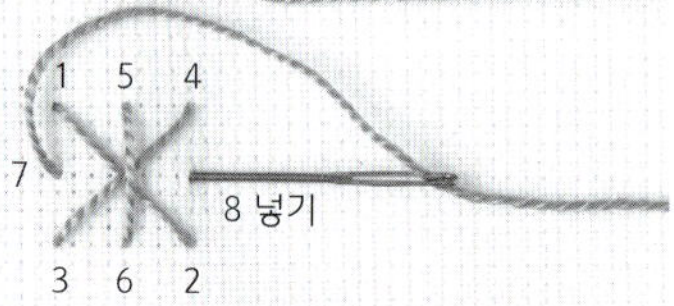

③ 바늘을 8(2와 4의 중간 지점)에 넣습니다.

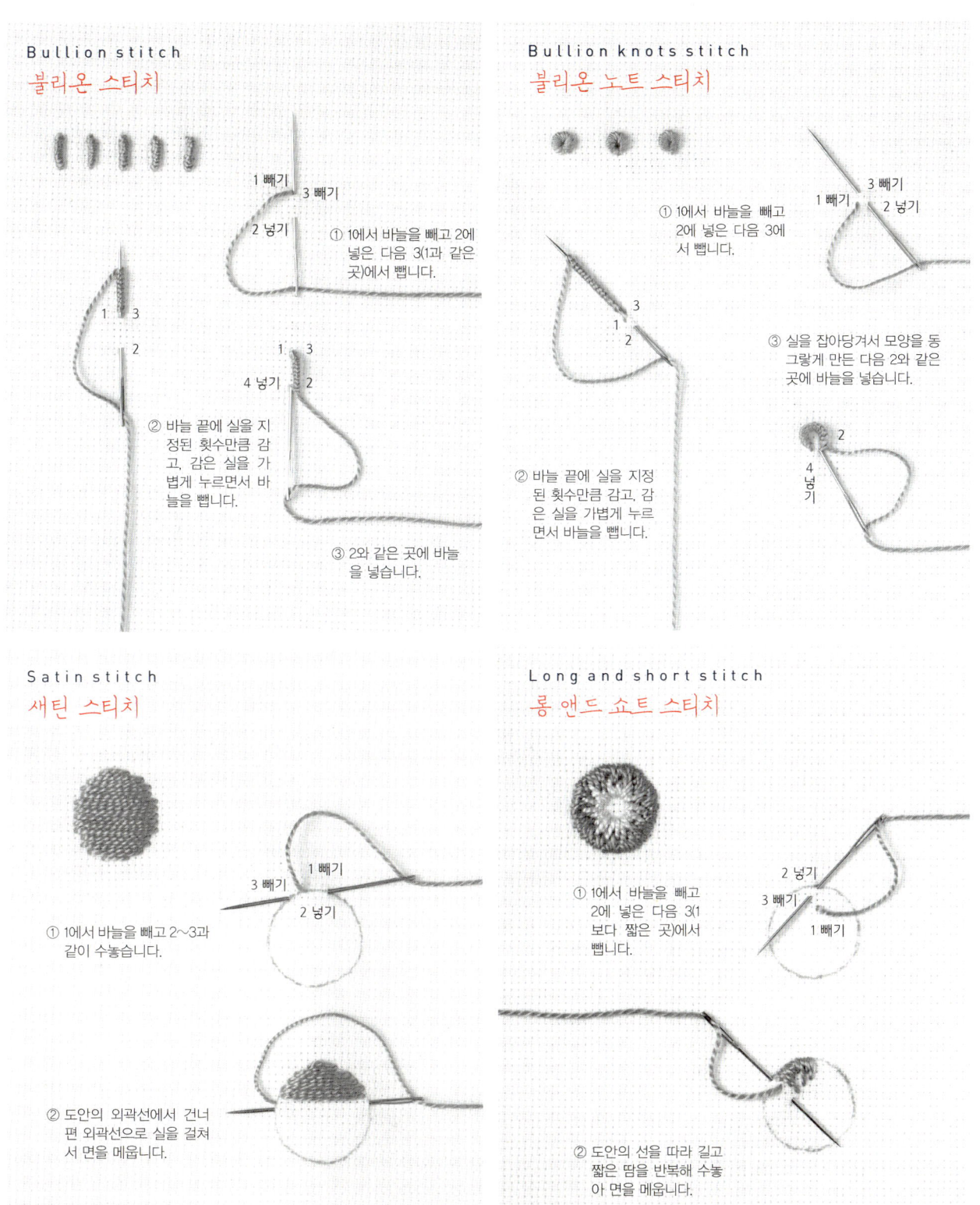

꽃

design & stitch ✿ 가와카미 시게코(川上成子)

how to stitch ▼
p.18

how to stitch ▼
p.19

꽃

Photo ▶ p.16

○ 안은 실의 가닥수. 숫자는 자수실의 색 번호.
알파벳은 모두 '백 스티치②648'로 수놓는다.
꽃은 지정한 것 이외에는 1가닥을 사용한다.
프렌치 노트는 모두 2번 감기.

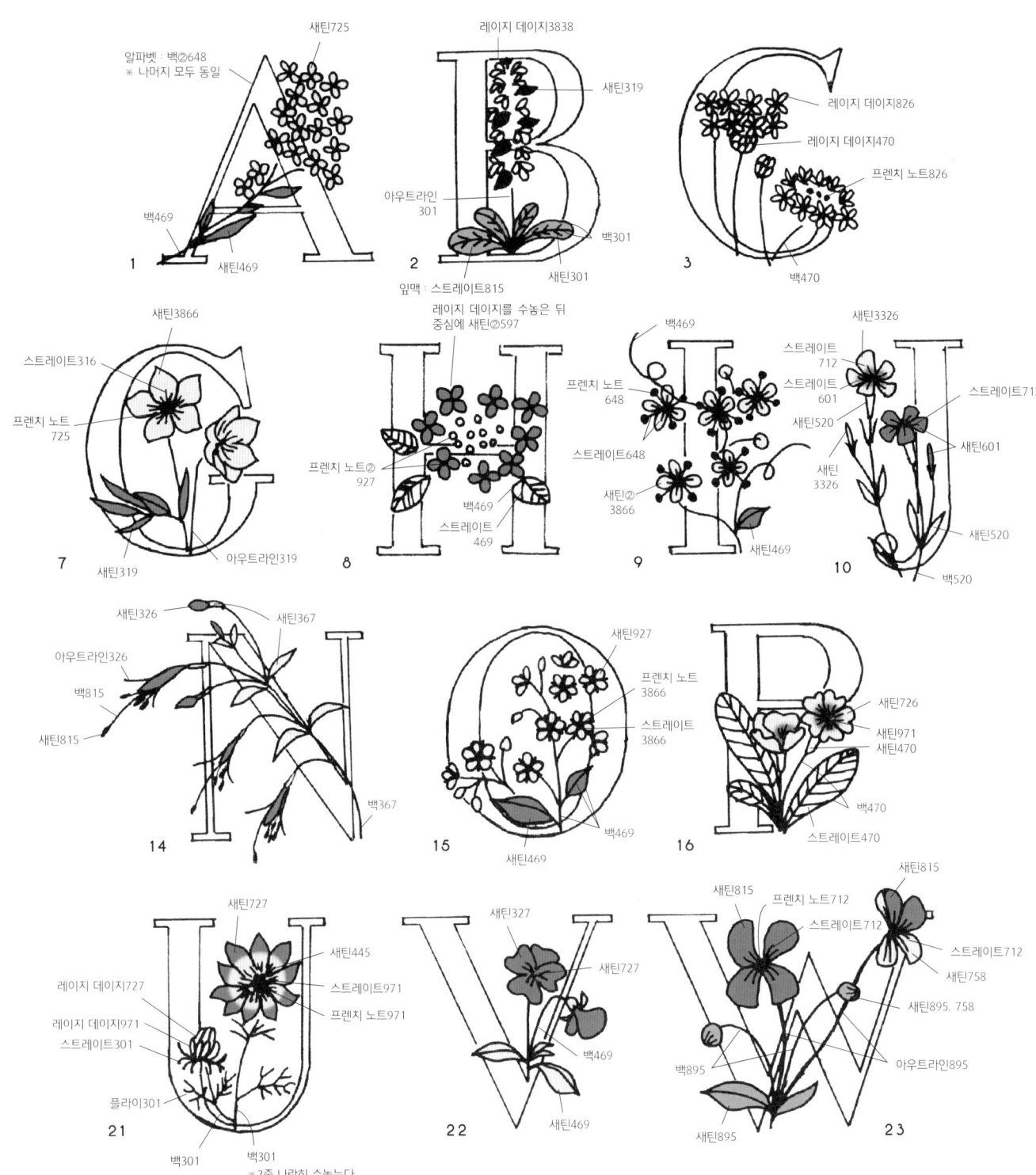

Photo ▶ p.17

○ 안은 실의 가닥수. 숫자는 자수실의 색 번호.
알파벳은 모두 '백 스티치②648'로 수놓는다.
꽃은 지정한 것 이외에는 1가닥을 사용한다.
프렌치 노트는 모두 2번 감기.

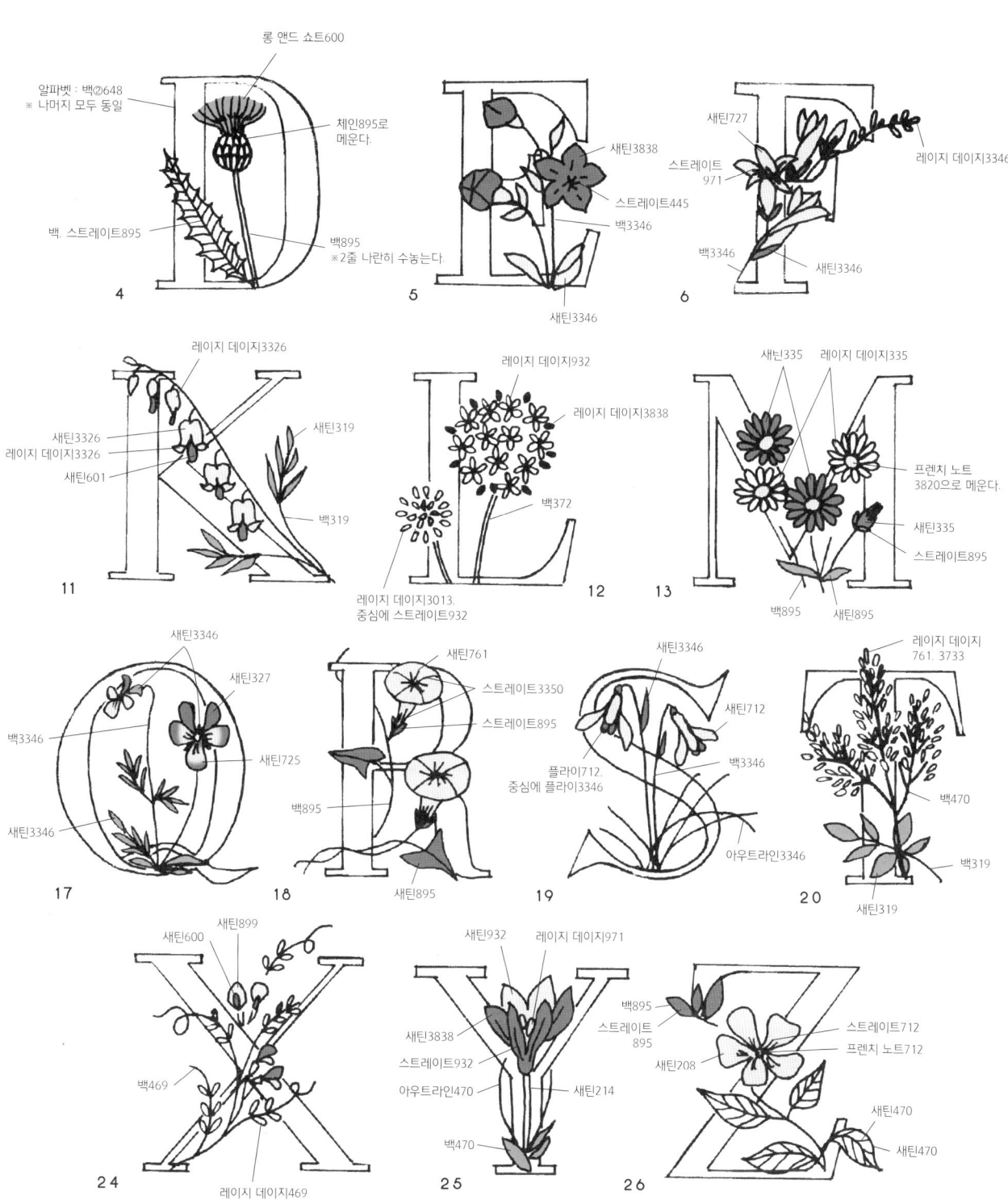

튤립

design & stitch ✿ 히라오 에이코(平尾英子)

how to stitch ▼
p.22

은방울꽃

design & stitch ❀ 히라오 에이코(平尾英子)

how to stitch ▼
p.23

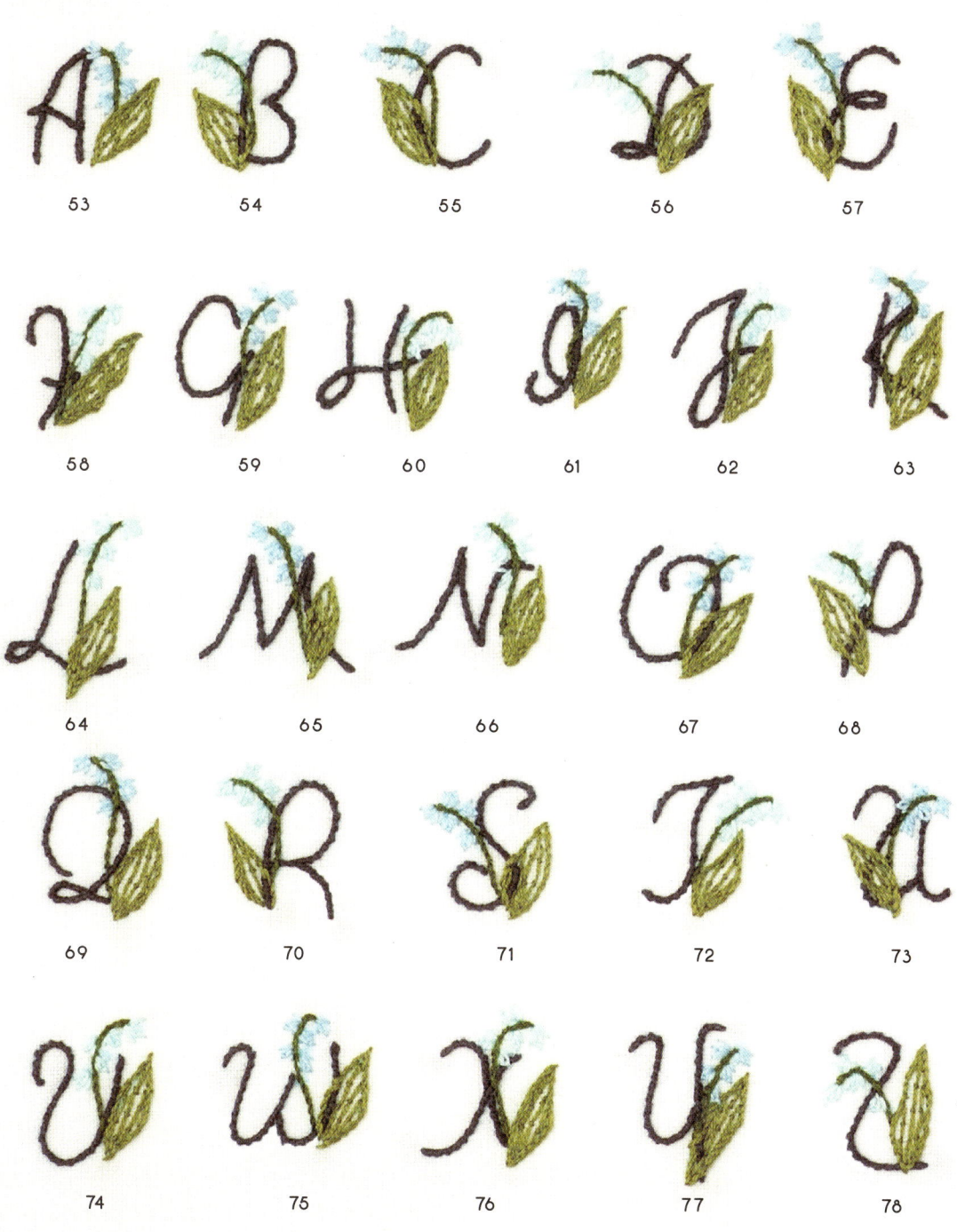

튤립

Photo ▶ p.20

실의 가닥수는 모두 2가닥. 숫자는 자수실의 색 번호.
휘프드 체인 스티치로 수놓는 방법은 p.83 참조.

은방울꽃

Photo ▶ p.21

실의 가닥수는 모두 2가닥. 숫자는 자수실의 색 번호.
휘프드 체인 스티치로 수놓는 방법은 p.83 참조.

※알파벳 잎 줄기를 수놓는 방법과 색은 공통.
※은방울꽃을 수놓는 방법은 공통. 색은 각 도안 참조.

※은방울꽃을 수놓는 방법

스트레이트   레이지 데이지

휘프드 체인413   827 아우트라인469   964
윤곽 : 아우트라인470
잎맥 : 카우칭470
53　54

 55

 56

 57

 58
 59
 60
 61
 62
 63

 64
 65
 66
 67
 68

 69
 70
 71
 72
 73

 74
 75
 76
 77
 78

미니 로즈

design & stitch ✿ 사사오 다에(笹尾多恵)

how to stitch ▼
p.26

잎

design & stitch ❊ 사사오 다에(笹尾多恵)

how to stitch ▼
p.27

미니 로즈

Photo ▶ p.24

※알파벳을 수놓는 방법과 색은 공통.
※장미 잎을 수놓는 방법과 색은 공통.

○ 안은 실의 가닥수. 지정한 것 이외에는 2가닥.
숫자는 자수실의 색 번호.
프렌치 노트는 모두 3번 감기.

잎

Photo ▶ p.25

※알파벳을 수놓는 방법과 색은 공통.

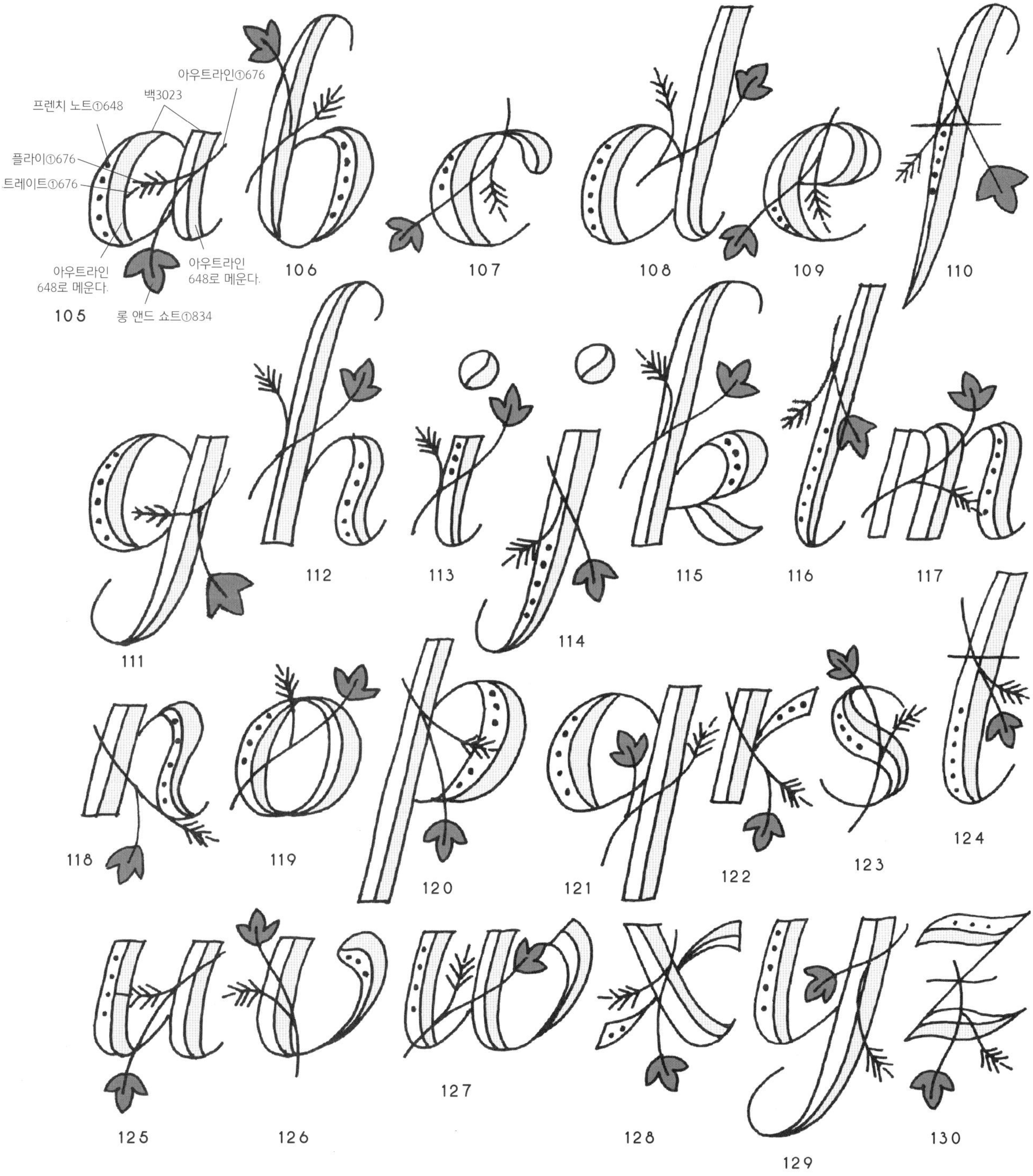

○ 안은 실의 가닥수. 지정한 것 이외에는 2가닥.
숫자는 자수실의 색 번호.
프렌치 노트는 모두 3번 감기.

프렌치 노트①648
플라이①676
트레이트①676
아우트라인①676
백3023
아우트라인 648로 메운다.
아우트라인 648로 메운다.
롱 앤드 쇼트①834

105 106 107 108 109 110
111 112 113 114 115 116 117
118 119 120 121 122 123 124
125 126 127 128 129 130

나비

design & stitch ✿ 가와카미 시게코(川上成子)

how to stitch ▼
p.30

131  132  133  134  135  136

137 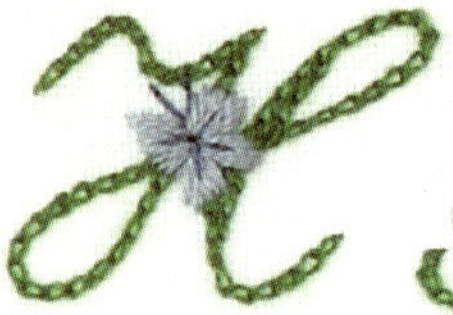 138  139 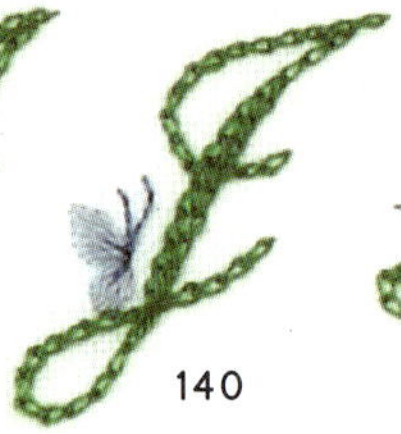 140  141  142

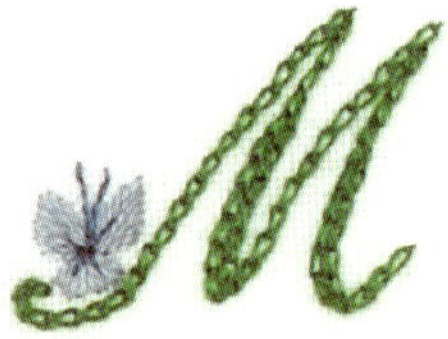

143  144  145  146  147

148  149  150  151  152

153  154  155  156

꿀벌

design & stitch  가와카미 시게코(川上成子)

how to stitch ▼
p.31

157	158	159	160	161	162
163	164	165	166	167	168
169	170	171	172	173
174	175	176	177	178
179	180	181	182

나비

Photo ▶ p.28

실의 가닥수는 모두 1가닥.
숫자는 자수실의 색 번호.

※알파벳을 수놓은 방법과 색은 공통.
※알파벳은 각각의 굵기에 맞춰서 체인 스티치를 1~2줄 수놓아 메운다.
※나비를 수놓는 방법과 색은 공통.

꿀벌

Photo ▶ p.29

○ 안은 실의 가닥수. 지정한 것 이외에는 1가닥.
숫자는 자수실의 색 번호.
프렌치 노트는 모두 2번 감기.

※알파벳을 수놓는 방법과 색은 공통.
※알파벳은 각각의 굵기에 맞춰서 체인 스티치를 1~2줄 수놓아 메운다.
※나비를 수놓는 방법과 색은 공통.

식물 장식

design & stitch ✿ 사사오 다에(笹尾多惠)

how to stitch ▼
p.34

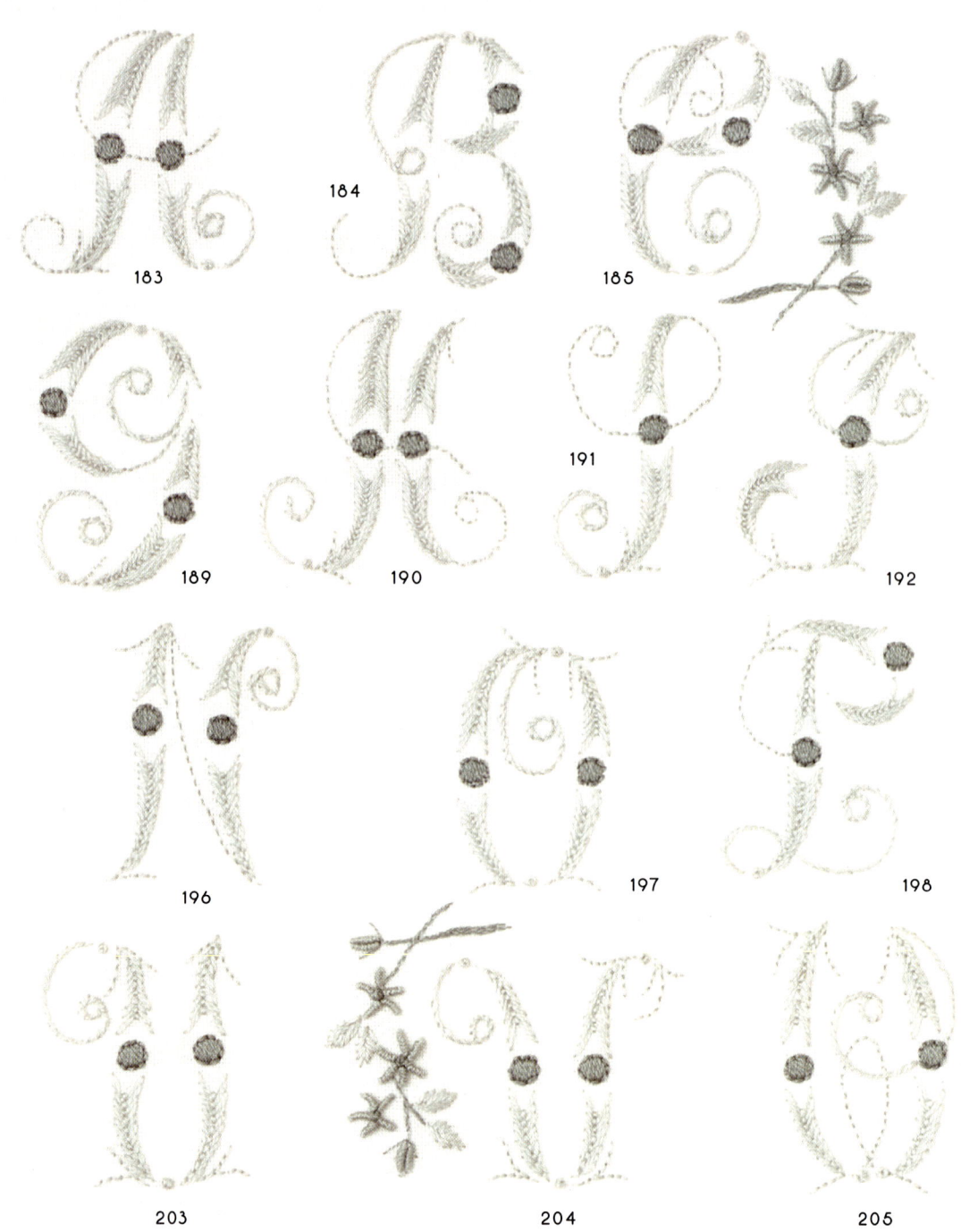

how to stitch ▼
p.35

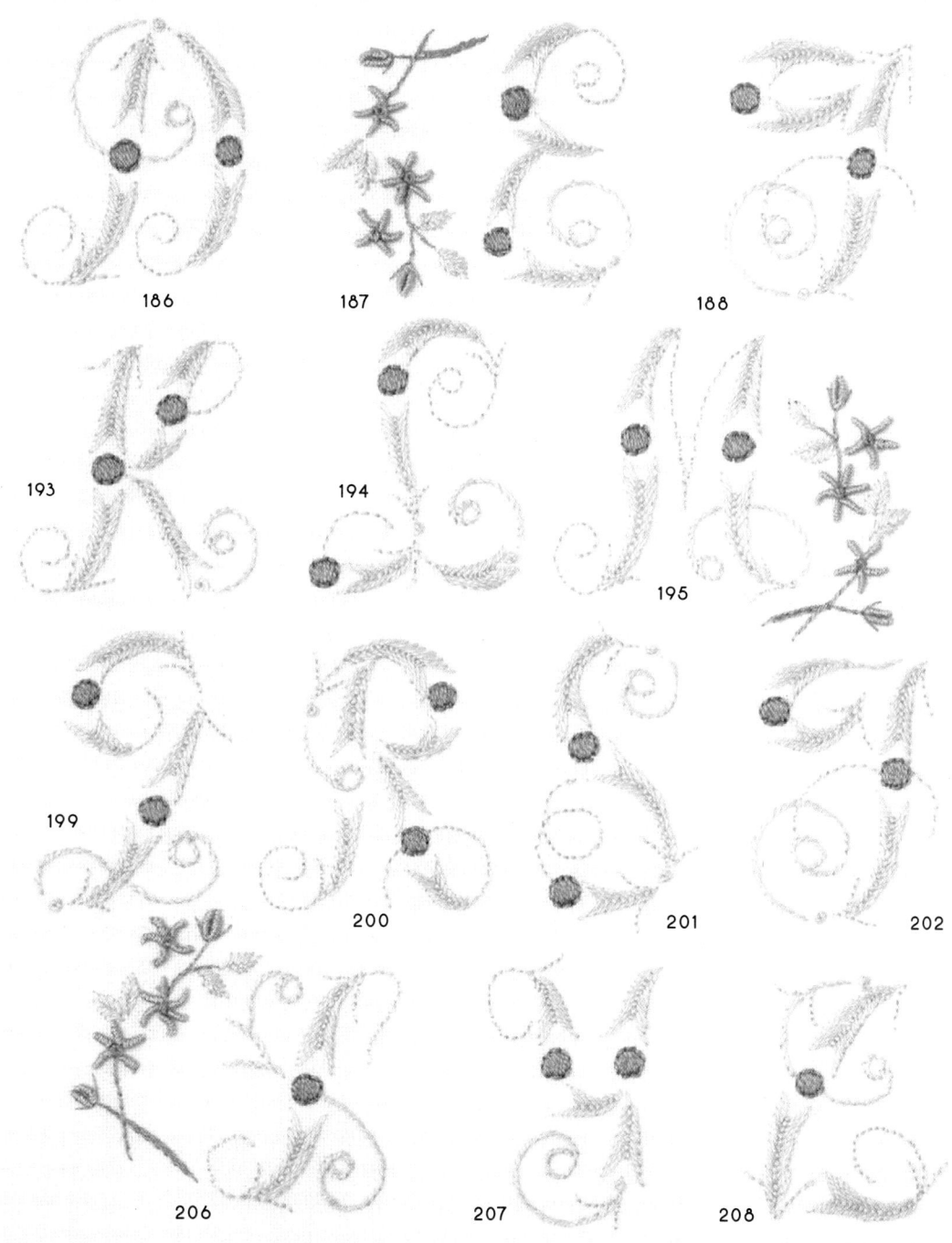

식물 장식

Photo ▶ p.32

○ 안은 실의 가닥수. 지정한 것 이외에는 2가닥.
숫자는 자수실의 색 번호.
프렌치 노트는 지정한 것 이외에는 모두 2번 감기.

※알파벳 장식을 수놓는 방법과 색은 공통.

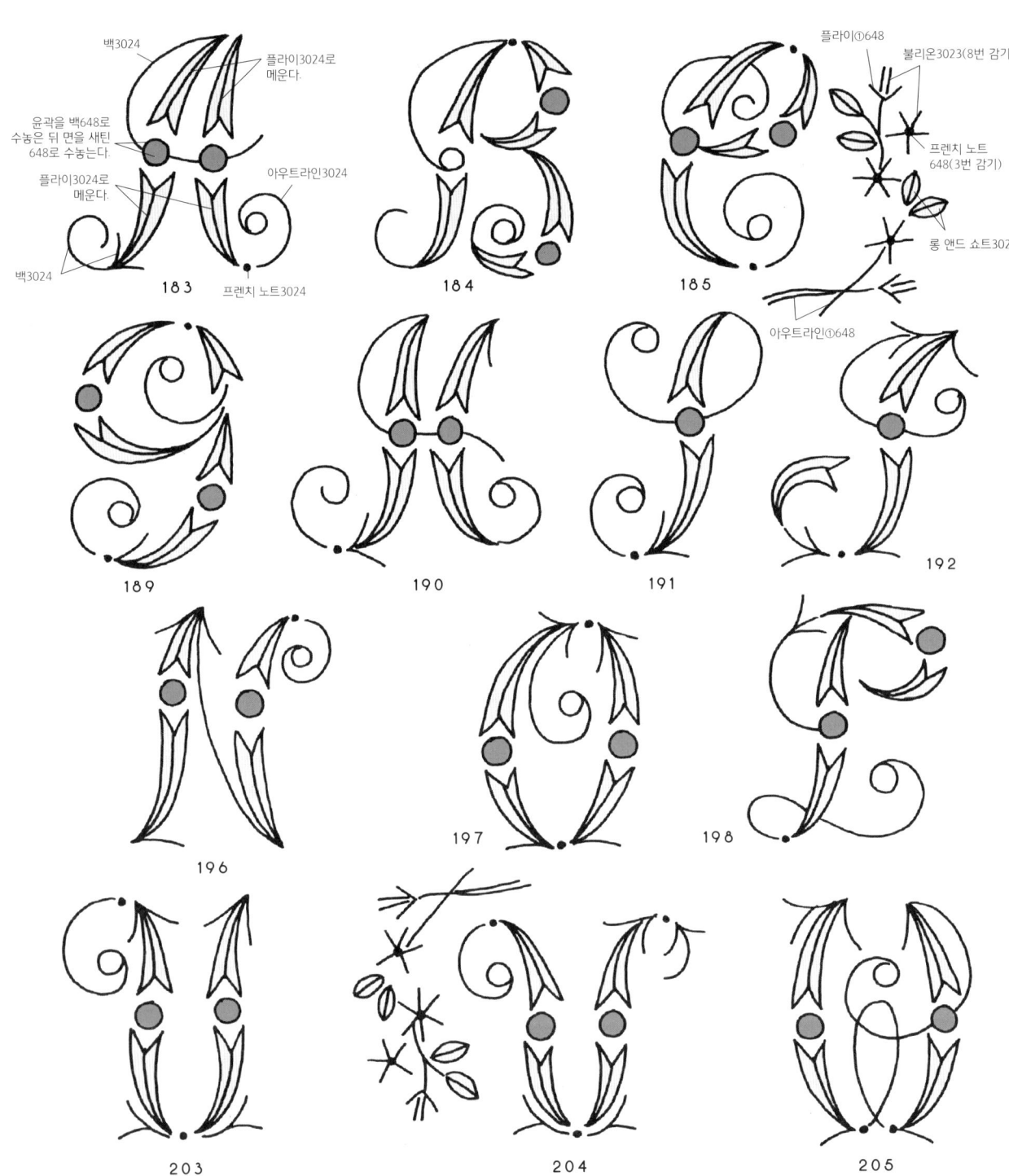

Photo ▶ p.33

그러데이션 로즈

design & stitch ✤ 나카야마 후미코(中山富美子)

how to stitch ▼
p.38

호랑가시나무

design & stitch ✿ 나카야마 후미코(中山富美子)

how to stitch ▼
p.39

그러데이션 로즈

Photo ▶ p.36

○ 안은 실의 가닥수. 지정한 것 이외에는 2가닥.
숫자는 자수실의 색 번호.

※알파벳의 직선 중 굵은 부분은 지정한 것 이외에는 '새틴 스티치②'로 수놓는다.
※알파벳의 곡선은 '아우트라인②'. 끝의 가느다란 부분은 '아우트라인①'로 수놓는다.
※장미는 '스트레이트②'로 중심부터 수놓는다. 배색은 중심에서부터 A=971→741→743, B=973→307→445, C=891→893→894.
※잎은 지정한 것 이외에는 '새틴②581'로 수놓는다. 줄기는 잎과 같은 색실을 사용하여 '아우트라인①'로 수놓는다.

호랑가시나무

Photo ▶ p.37

○ 안은 실의 가닥수. 지정한 것 이외에는 2가닥.
숫자는 자수실의 색 번호.

※알파벳은 각각의 굵기에 맞춰서 '체인②'를 1~5줄 수놓아 메운다. 빨간색 글씨는 666. 파란색 글씨는 798.
※호랑가시나무의 잎은 '새틴②'로, 줄기는 '아웃트라인①(짧은 부분은 스트레이트①)'로 수놓는다. 지정한 것 이외에는 959로 수놓는다(같은 알파벳 안의 잎과 줄기는 동일한 색으로 수놓는다).
※열매는 '새틴②'로 수놓되, 다음과 같은 배색으로 수놓는다. A=602. B=3340. C=606. D=3838. E=518. F=725. G=718. H=666.

동물

design & stitch ✤ 고무라타 노리코(こむらたのりこ)

how to stitch ▼
p.42

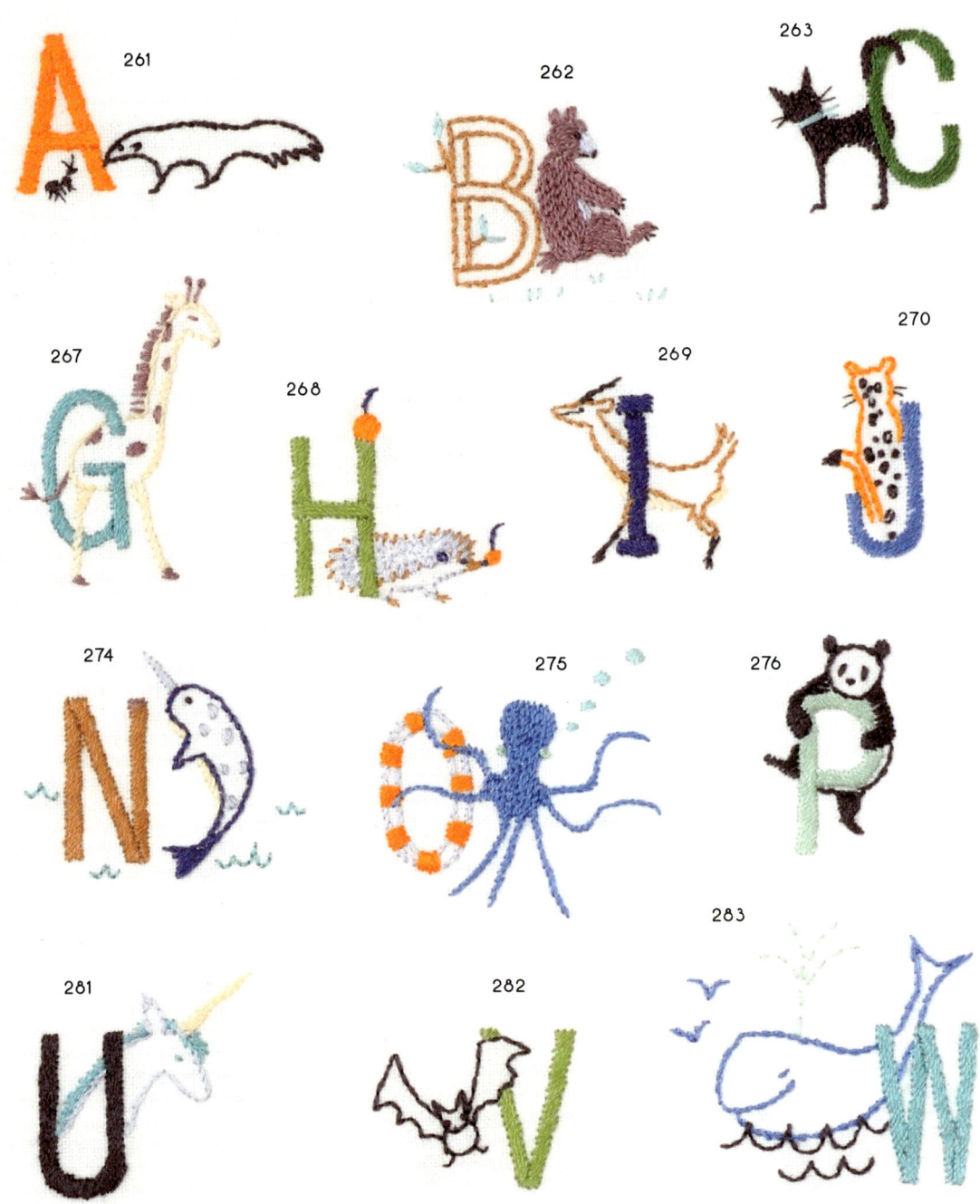

how to stitch ▼
p.43

동물

Photo ▶ p.40

○ 안은 실의 가닥수, 지정한 것 이외에는 2가닥. 숫자는 자수실의 색 번호.
알파벳은 지정한 것 이외에는 '새틴②'로 수놓는다. 프렌치 노트는 지정한 것 이외에는 모두 1번 감기.

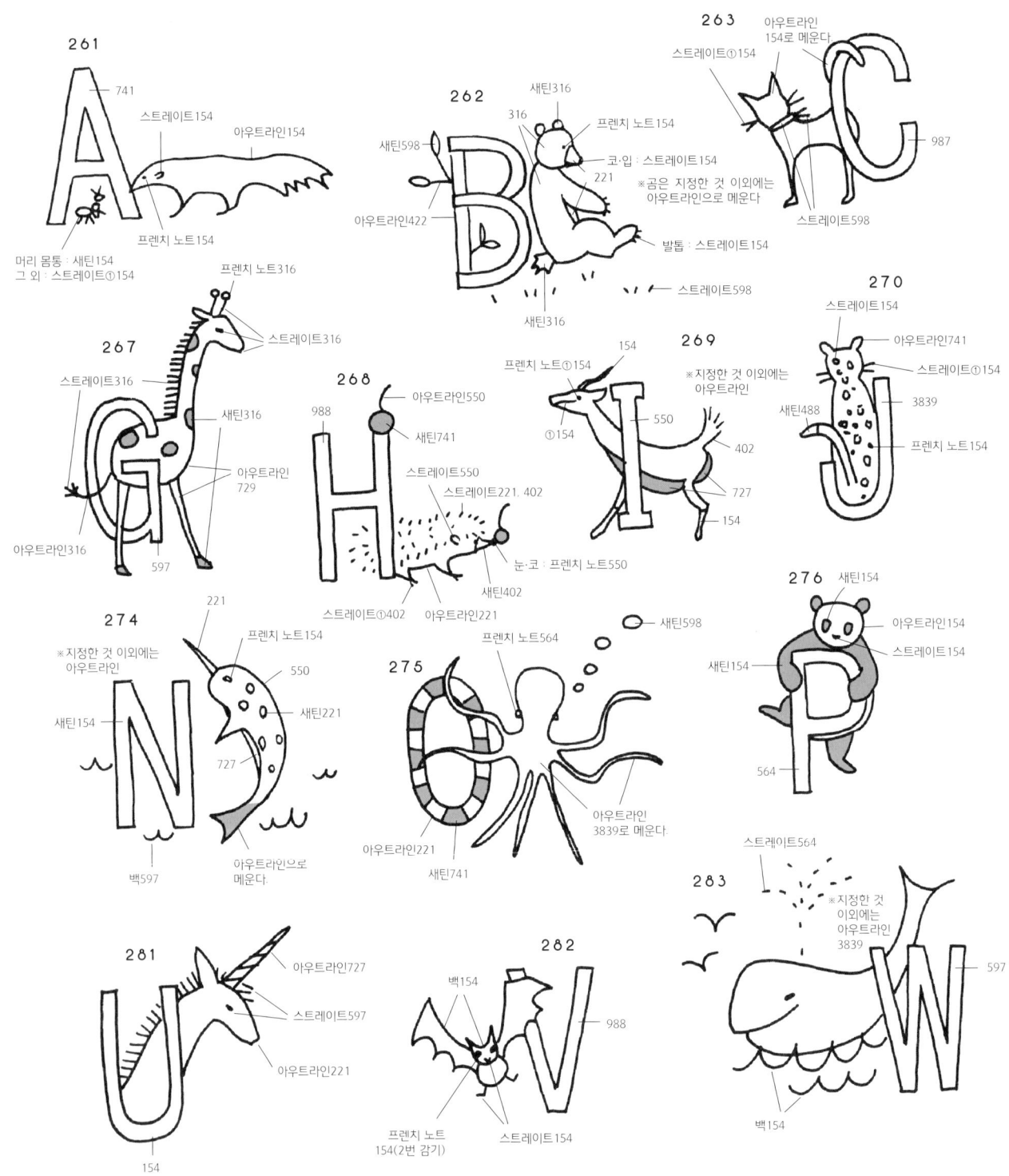

○ 안은 실의 가닥수. 지정한 것 이외에는 2가닥. 숫자는 자수실의 색 번호.
알파벳은 지정한 것 이외에는 '새틴②'로 수놓는다. 프렌치 노트는 지정한 것 이외에는 모두 1번 감기.

Photo ▶ p.41

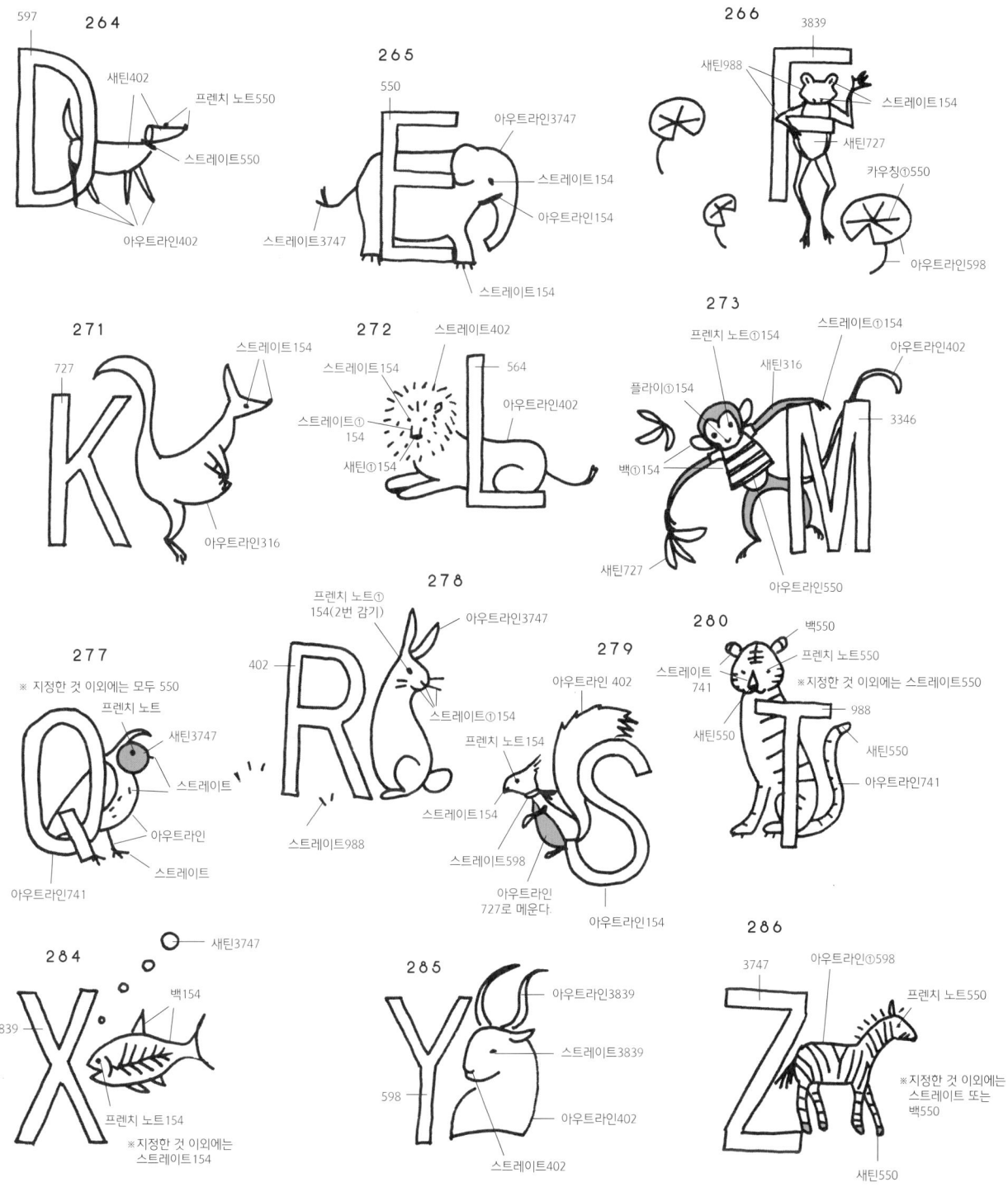

새

design & stitch ✤ 고무라타 노리코(こむらたのりこ)

how to stitch ▼
p.46

how to stitch ▼
p.47

새

Photo ► p.44

○ 안은 실의 가닥수, 지정한 것 이외에는 2가닥.
숫자는 자수실의 색 번호.
알파벳은 모두 '아우트라인②435'로 수놓는다.

287

288

289

293

294

295

296

300

301

302

303

308

309

310

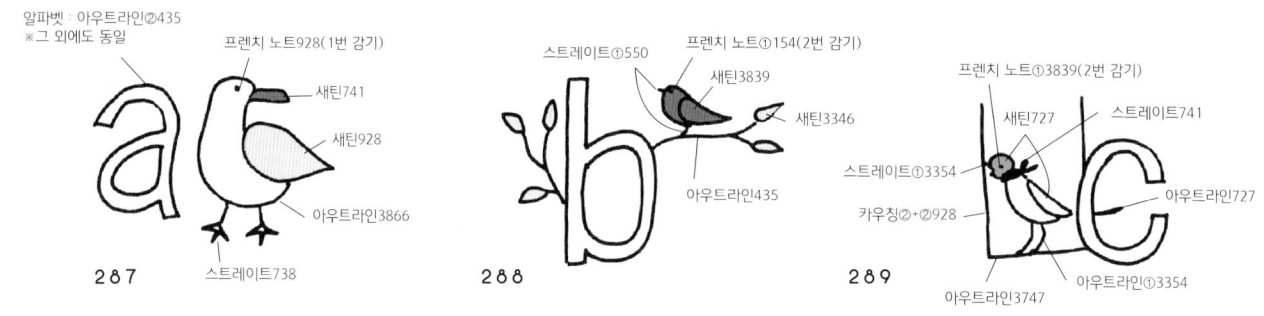

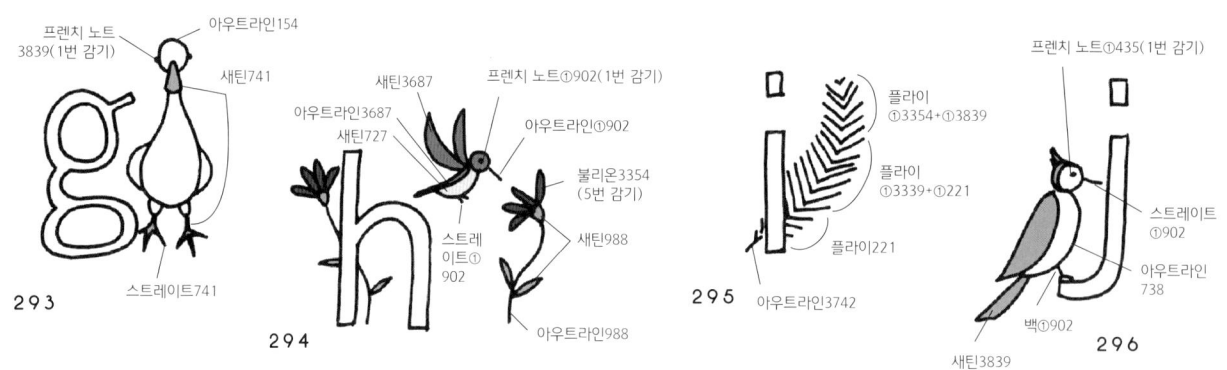

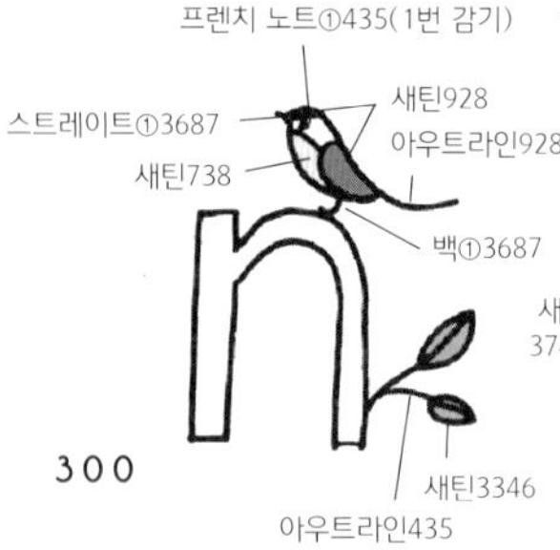

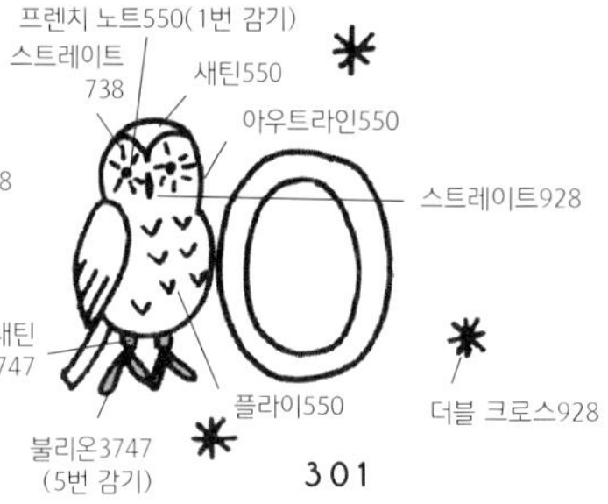

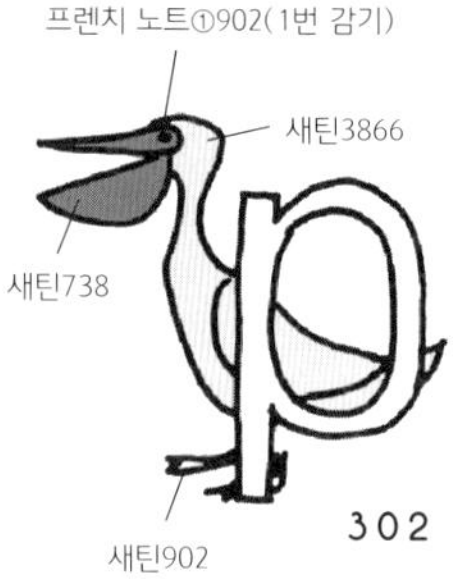

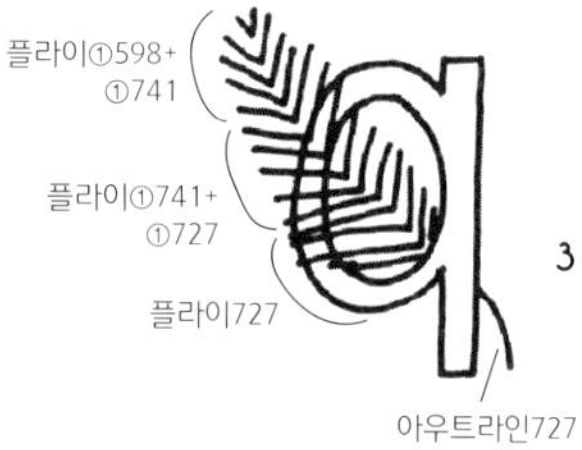

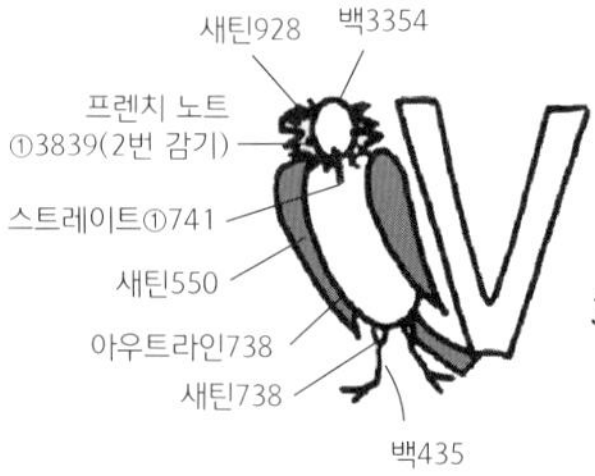

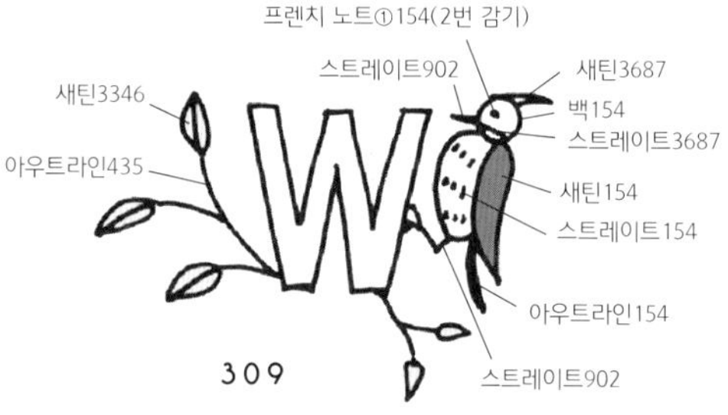

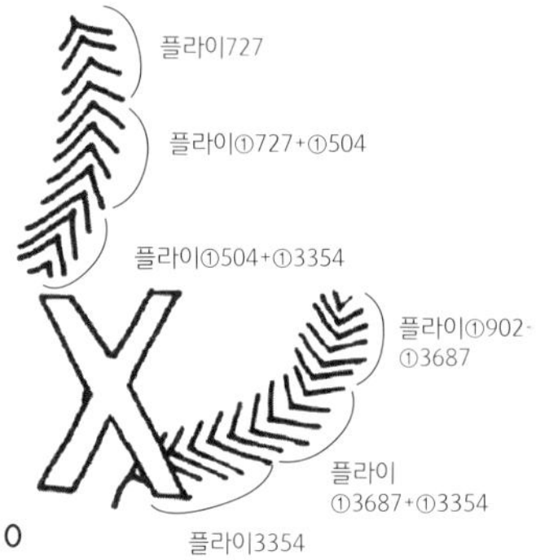

Photo ▶ p.45

○ 안은 실의 가닥수. 지정한 것 이외에는 2가닥.
숫자는 사수실의 색 번호.
알파벳은 모두 '아우트라인②435'로 수놓는다.

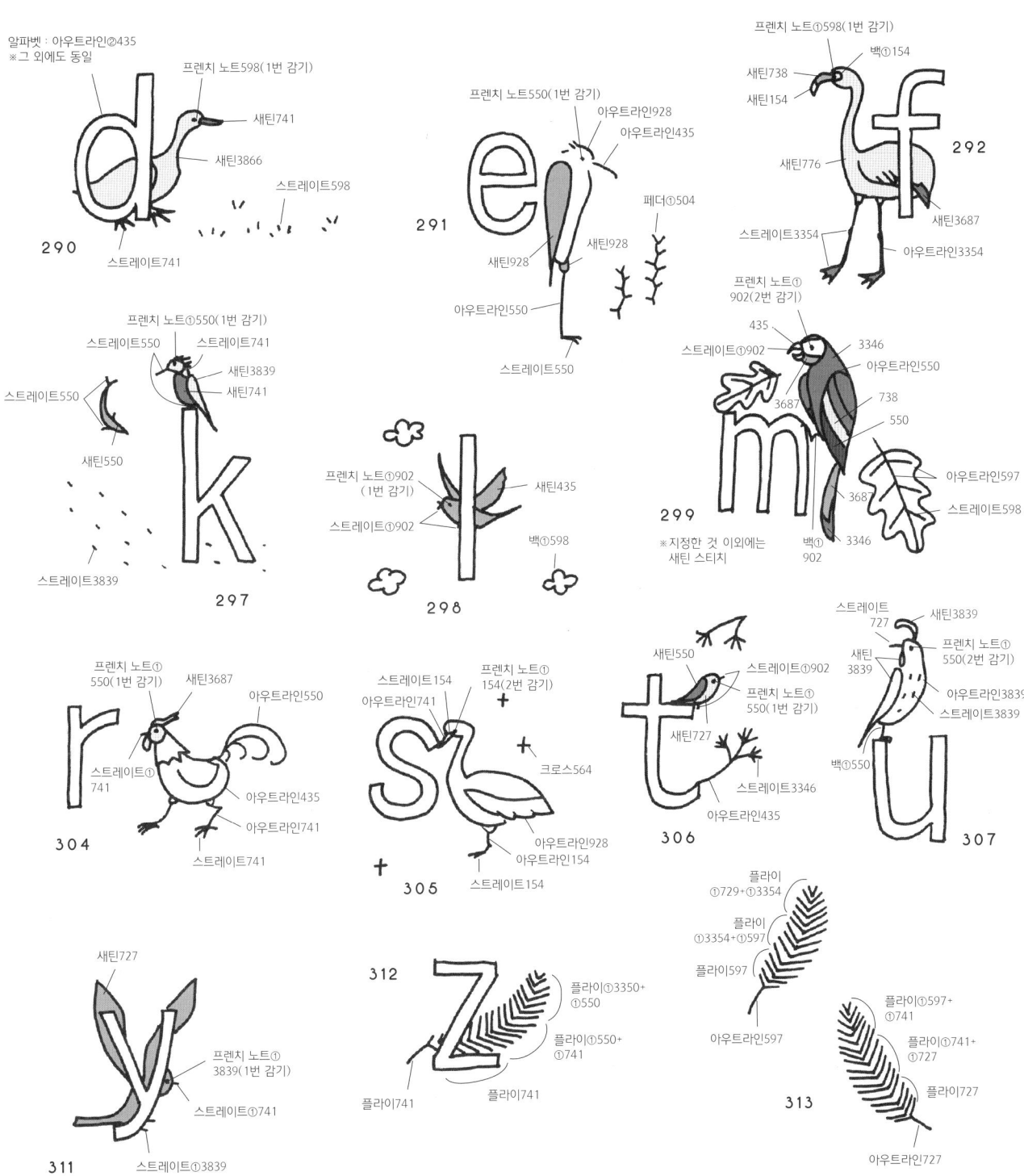

리본

design & stitch ❈ 이시이 히로코(石井寬子)

how to stitch ♥
p.50

how to stitch ▼
p.51

리본

Photo ▶ p.48

○ 안은 실의 가닥수. 지정한 것 이외에는 2가닥. 숫자는 자수실의 색 번호. 프렌치 노트는 모두 2번 감기.

※글씨를 수놓는 방법과 색은 지정한 것 이외에는 모두 공통.
※리본을 수놓는 방법은 공통. 색은 각 도안 참조.

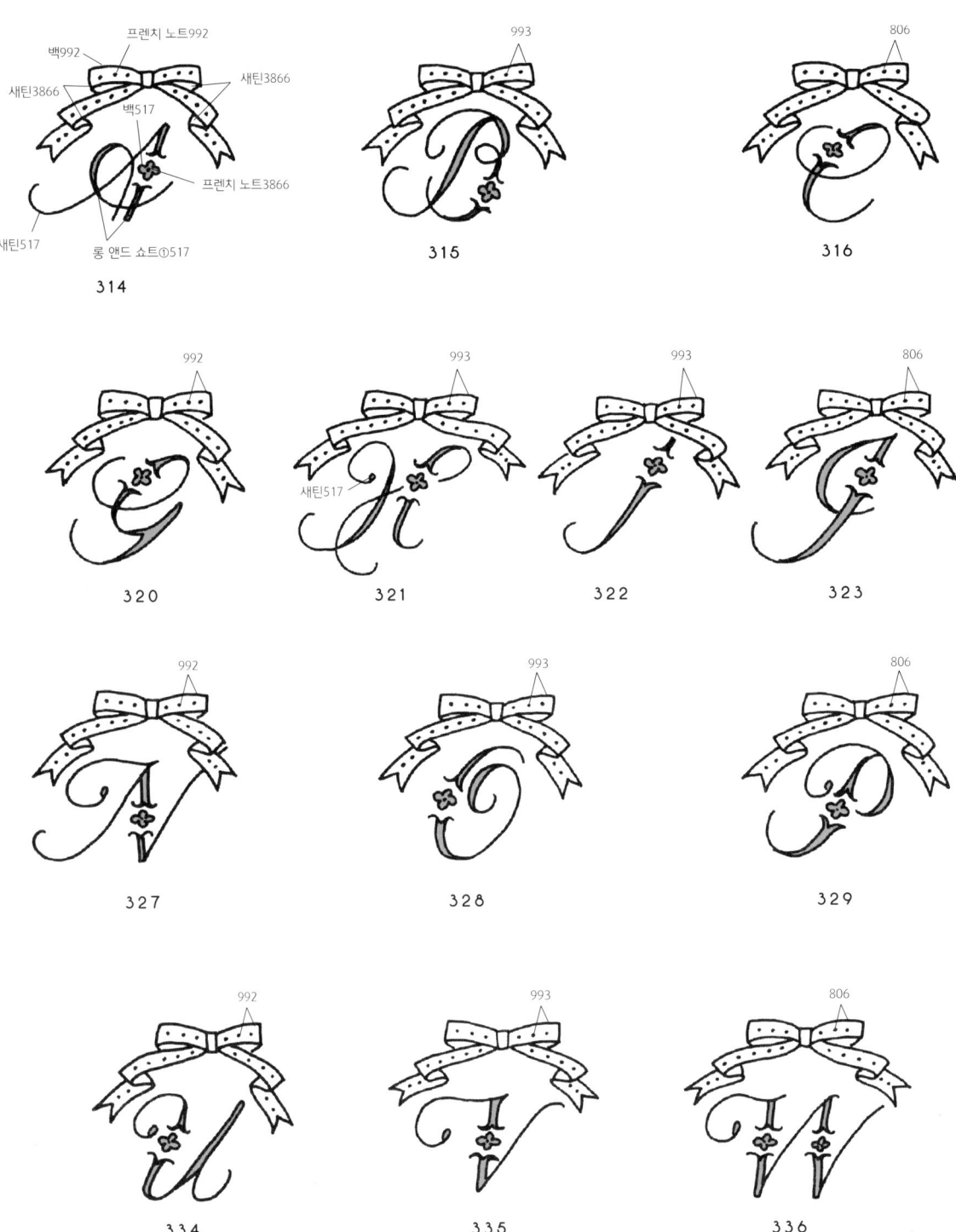

○ 안은 실의 가닥수. 지정한 것 이외에는 2가닥. 숫자는 자수실의 색 번호.
프렌치 노트는 모두 2번 감기.

Photo ▶ p.49

※글씨를 수놓는 방법과 색은 지정한 것 이외에는 모두 공통.
※리본을 수놓는 방법은 공통. 색은 각 도안 참조.

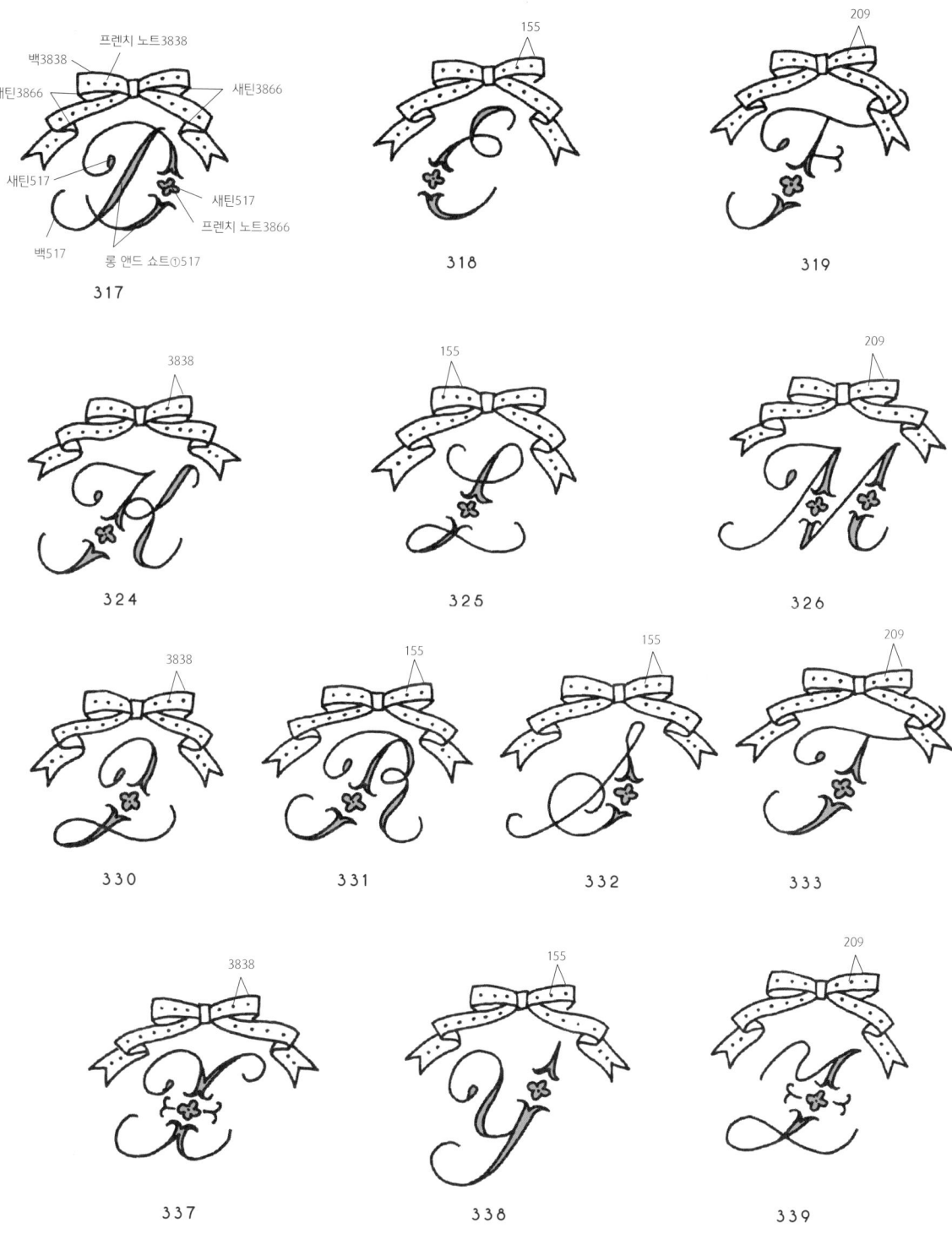

버섯

design & stitch ✿ 히라오 에이코(平尾英子)

how to stitch ▼
p.54

how to stitch ♥
p.55

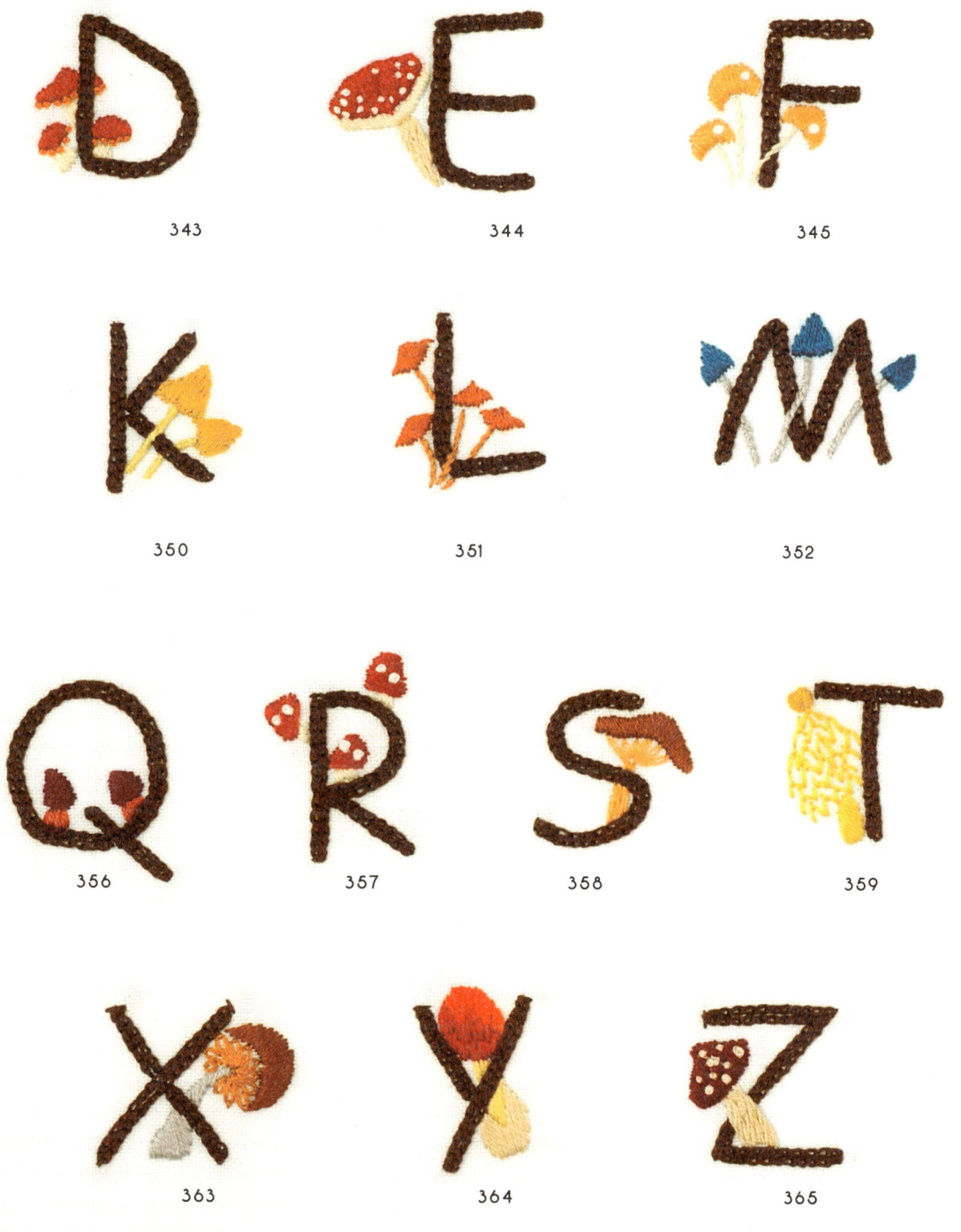

버섯

Photo ▶ p.52

○ 안은 실의 가닥수. 지정한 것 이외에는 2가닥.
숫자는 자수실의 색 번호.
프렌치 노트는 지정한 것 이외에는 모두 2번 감기.
휘프드 체인 스티치로 수놓는 방법은 p.83 참조.

※알파벳을 수놓는 방법과 색은 공통.
※알파벳은 체인 스티치로 2줄을 수놓아 메우는데, 시작 부분과 끝부분은 스트레이트 스티치로 수놓는다.
※버섯갓은 먼저 새틴 혹은 프렌치 노트로 반점 무늬를 수놓는다. 그런 다음 수놓은 반점 무늬의 안쪽으로 실을 통과시키면서 새틴으로 나머지 면 부분을 수놓는다.

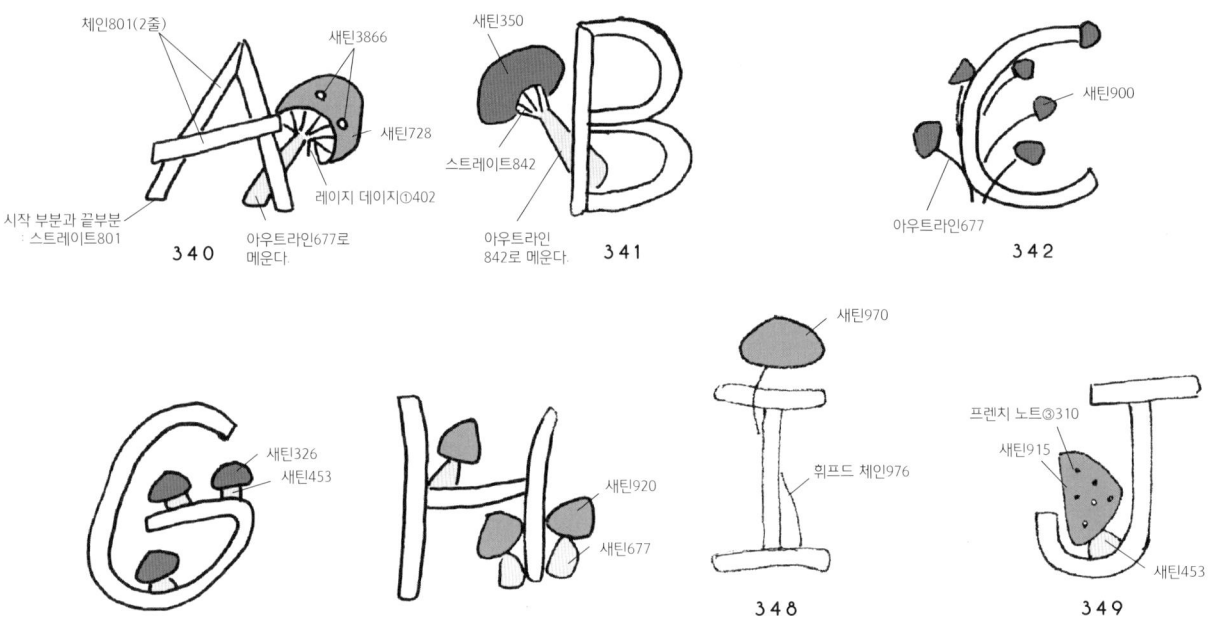

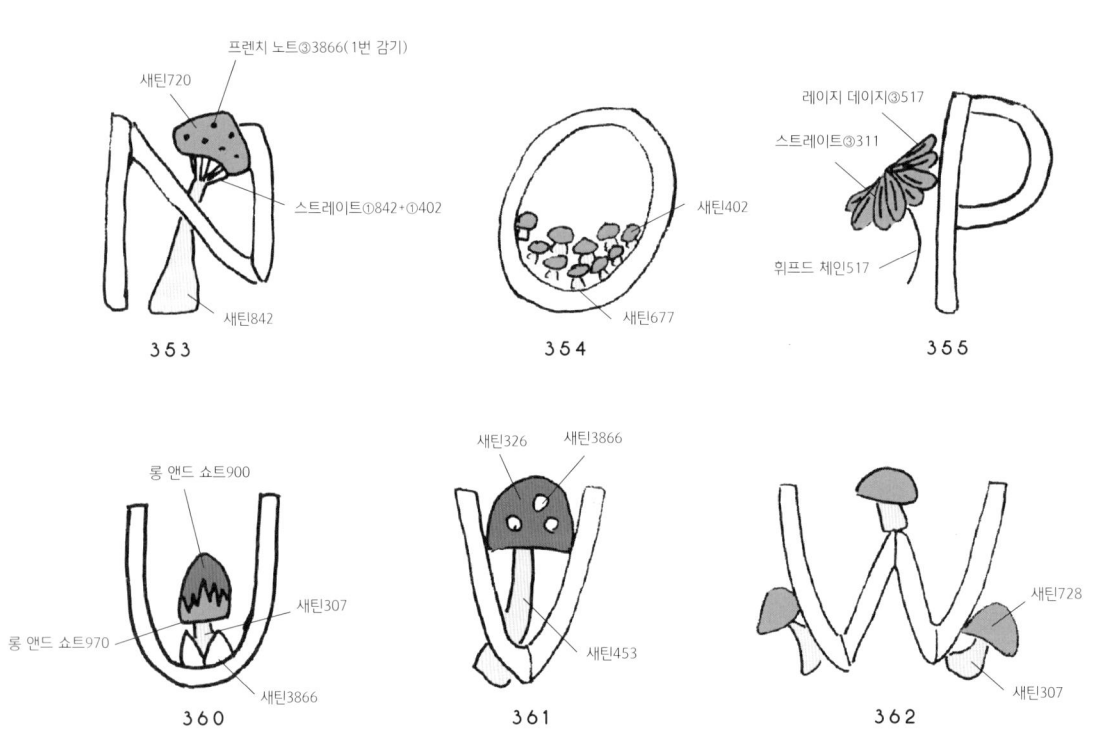

Photo ▶ p.53

○ 안은 실의 가닥수. 지정한 것 이외에는 2가닥.
숫자는 자수실의 색 번호.
프렌치 노트는 지정한 것 이외에는 모두 2번 감기.
휘프드 체인 스티치로 수놓는 방법은 p.83 참조.

※ 알파벳을 수놓는 방법과 색은 공통.
※ 알파벳은 체인 스티치로 2줄을 수놓아 메우는데, 시작 부분과 끝부분은 스트레이트 스티치로 수놓는다.
※ 버섯갓은 먼저 새틴 혹은 프렌치 노트로 반점 무늬를 수놓는다. 그런 다음 수놓은 반점 무늬의 안쪽으로 실을 통과시키면서 새틴으로 나머지 면 부분을 수놓는다.

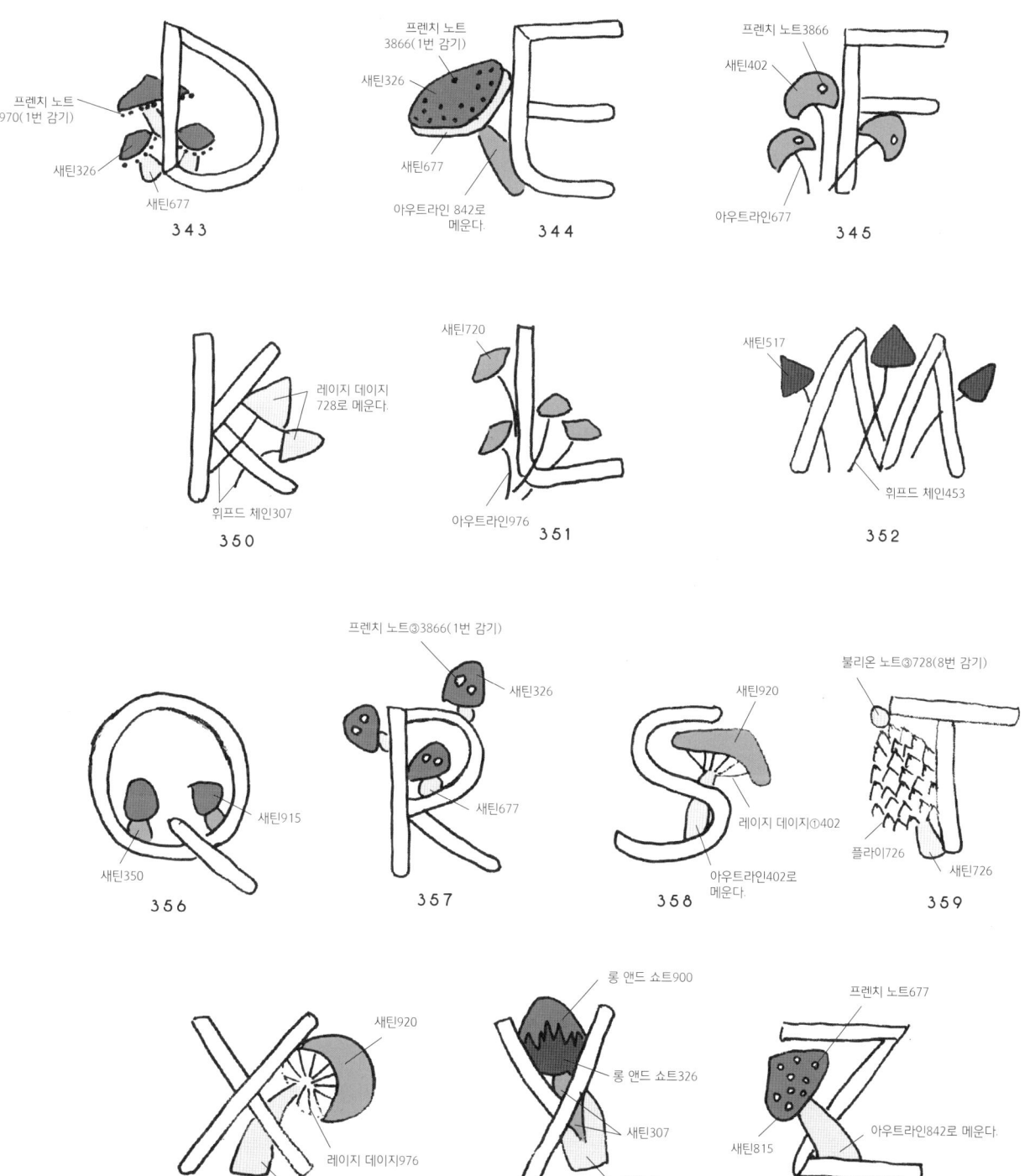

테두리 장식

design & stitch ❀ 호리우치 사유리(堀内さゆり)

how to stitch ▼
p.58

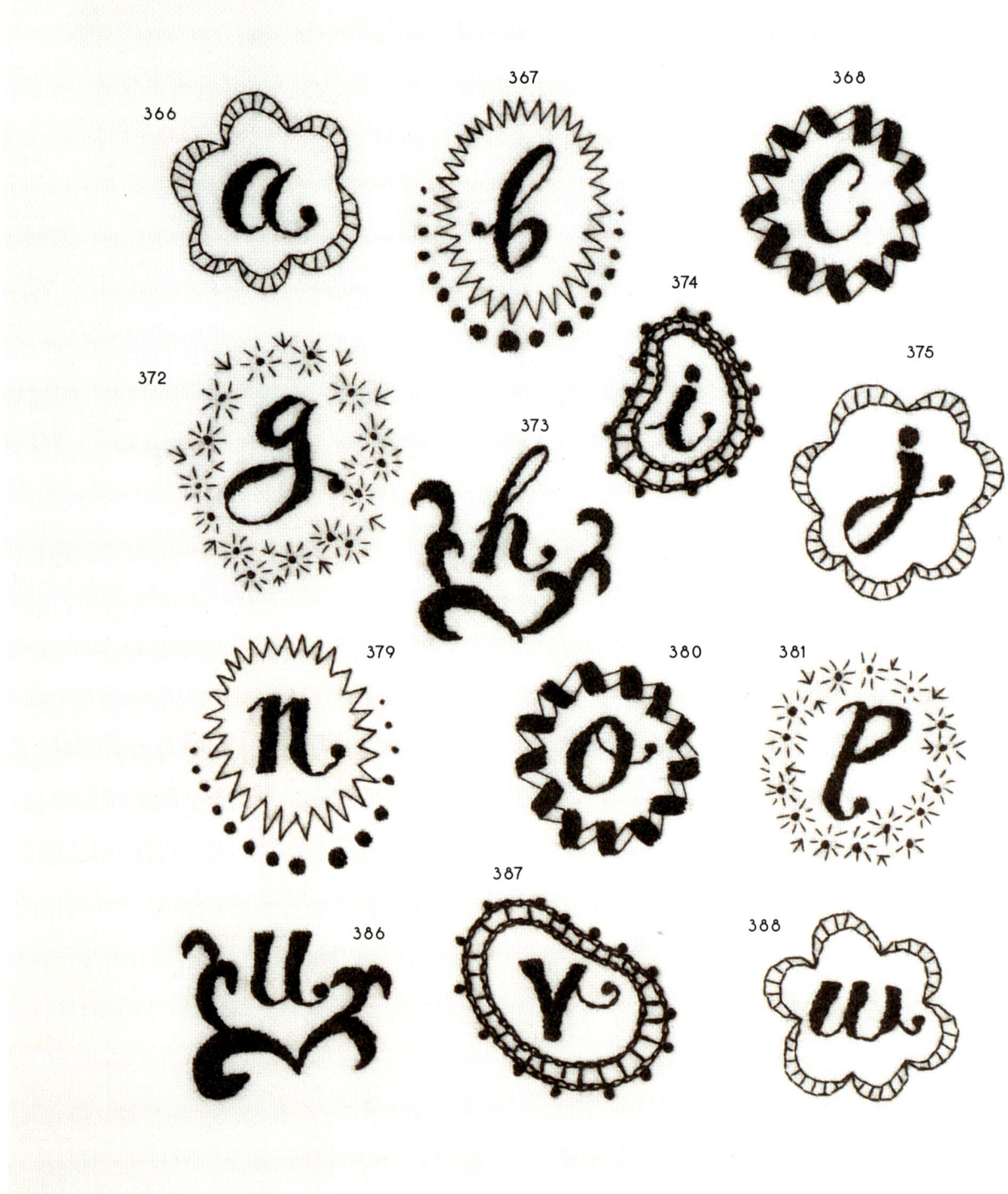

how to stitch ▼
p.59

테두리 장식

Photo ▶ p.56

○ 안은 실의 가닥수. 지정한 것 이외에는 2가닥. 색은 모두 310.
프렌치 노트는 지정한 것 이외에는 모두 2번 감기.

※글씨를 수놓는 방법은 공통

○ 안은 실의 가닥수. 지정한 것 이외에는 2가닥. 색은 모두 310.
프렌치 노트는 지정한 것 이외에는 모두 2번 감기.

Photo ▶ p.57

※글씨를 수놓는 방법은 공통

채소 · 과일
design & stitch ✿ 나카야마 후미코(中山富美子)

how to stitch ▼
p.62

how to stitch ▼
p.63

395   396   397

402   403   404   405

409   410   411

415   416   417

채소・과일

Photo ▶ p.60

○ 안은 실의 가닥수. 숫자는 자수실의 색 번호.
알파벳은 각각의 굵기에 맞춰서 '체인 스티치②'를 1~5줄 수 놓아 메운다. 지정한 것 이외의 나머지 알파벳의 색은 312.

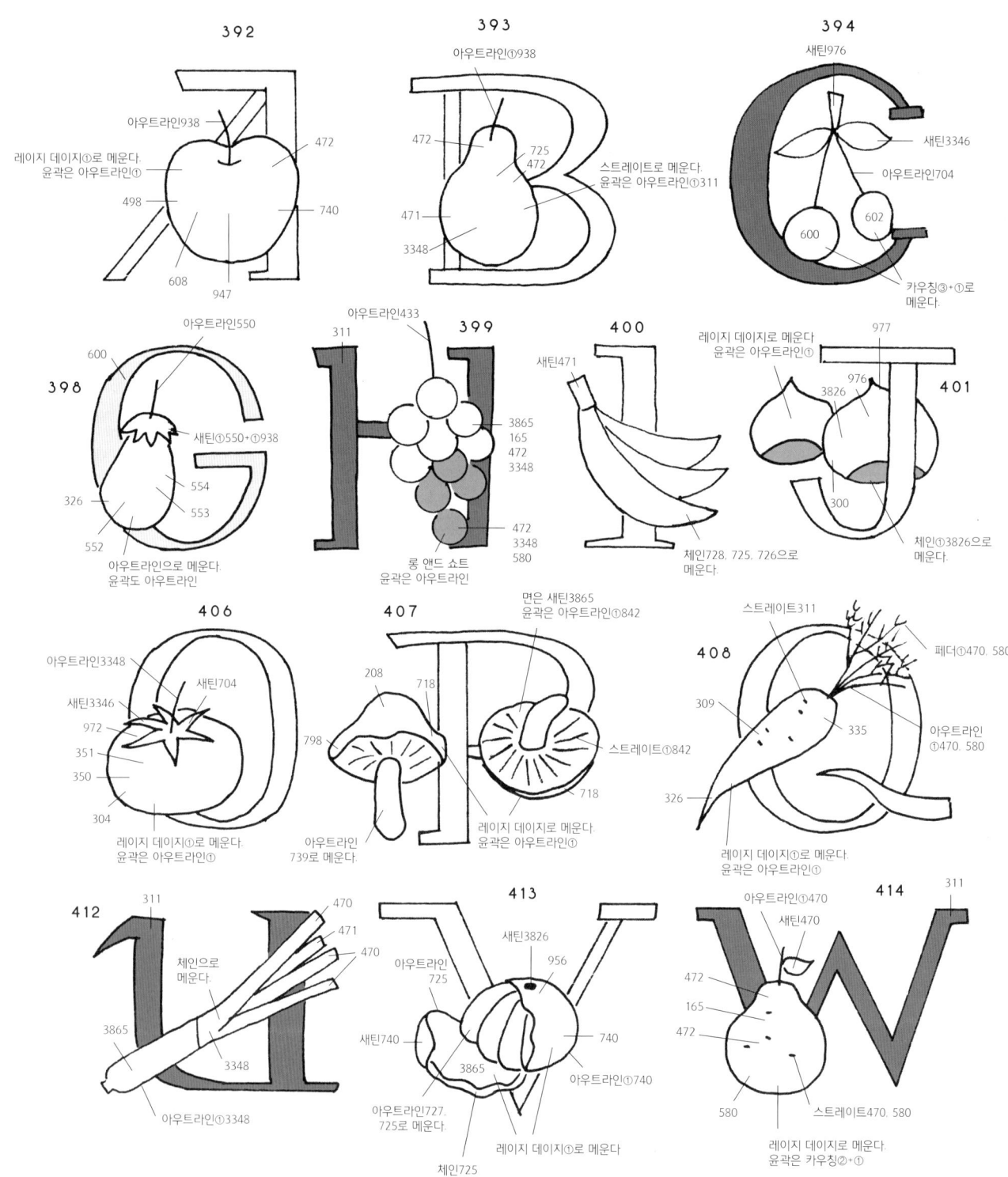

Photo ▶ p.61

○ 안은 실의 가닥수, 지정한 것 이익에는 2가닥. 숫자는 자수실의 색 번호.
알파벳은 각각의 굵기에 맞춰서 '체인 스티치②'를 1~5줄 수놓아 메운다. 지정한 것 이외의 나머지 알파벳의 색은 312.
지정한 것이 없는 면은 '아웃트라인②'로 메운다. 프렌치 노트는 모두 2번 감기.

로제트

design & stitch ✤ 이시이 히로코(石井寬子)

how to stitch ▼
p.66

418
419 
420 
424 
425 
426 
427 
431 
432 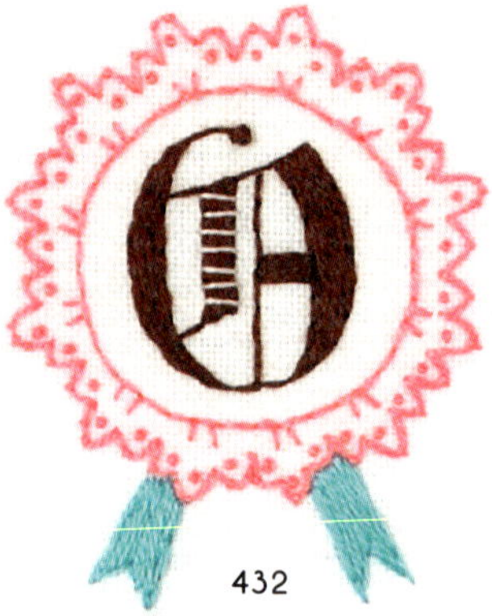
433 
438 
439 
440

how to stitch ▼
p.67

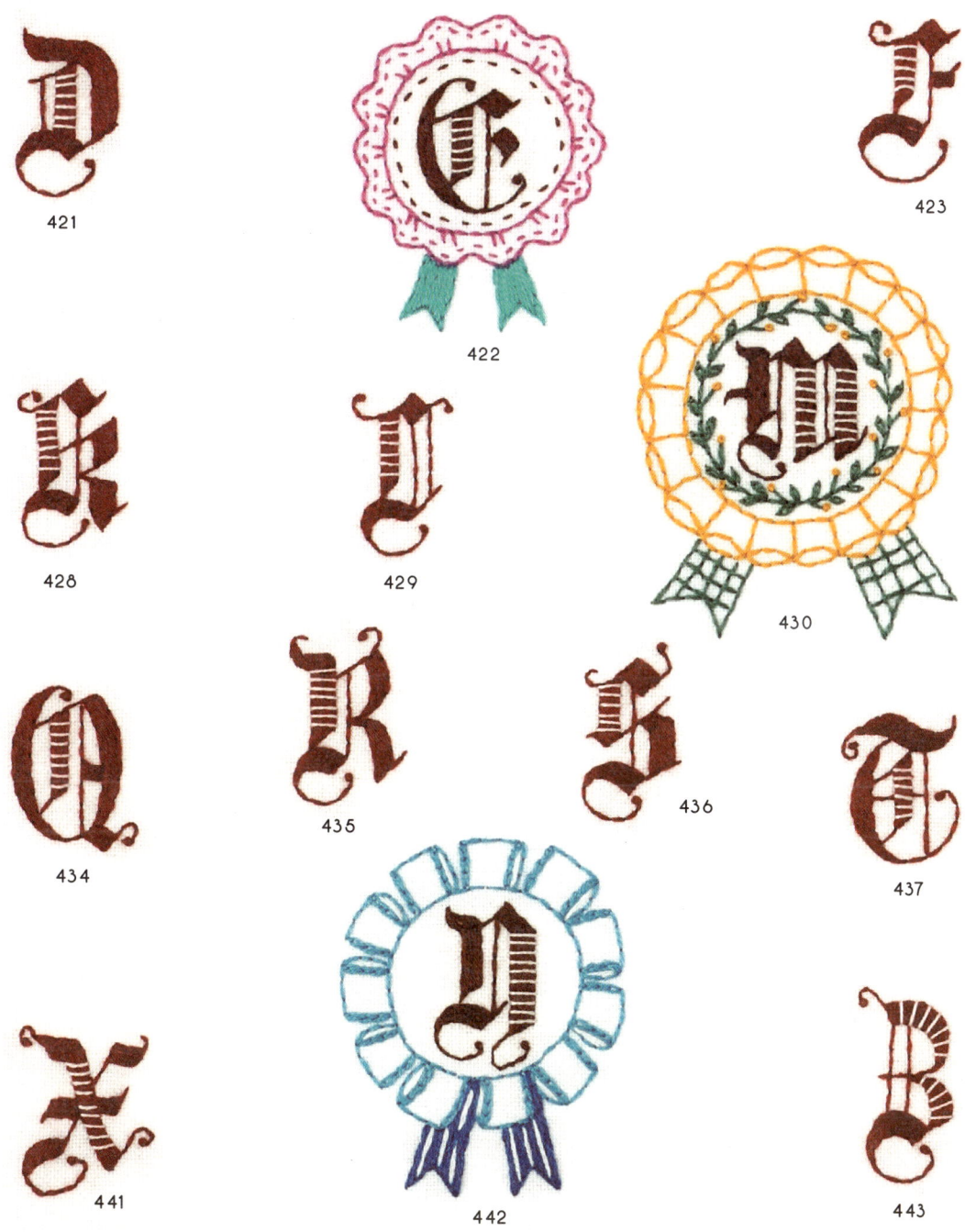

로제트

Photo ▶ p.64

○ 안은 실의 가닥수. 지정한 것 이외에는 2가닥. 숫자는 자수실의 색 번호.
프렌치 노트는 모두 2번 감기.

※글씨를 수놓는 방법과 색은 지정한 것 이외에는 모두 공통

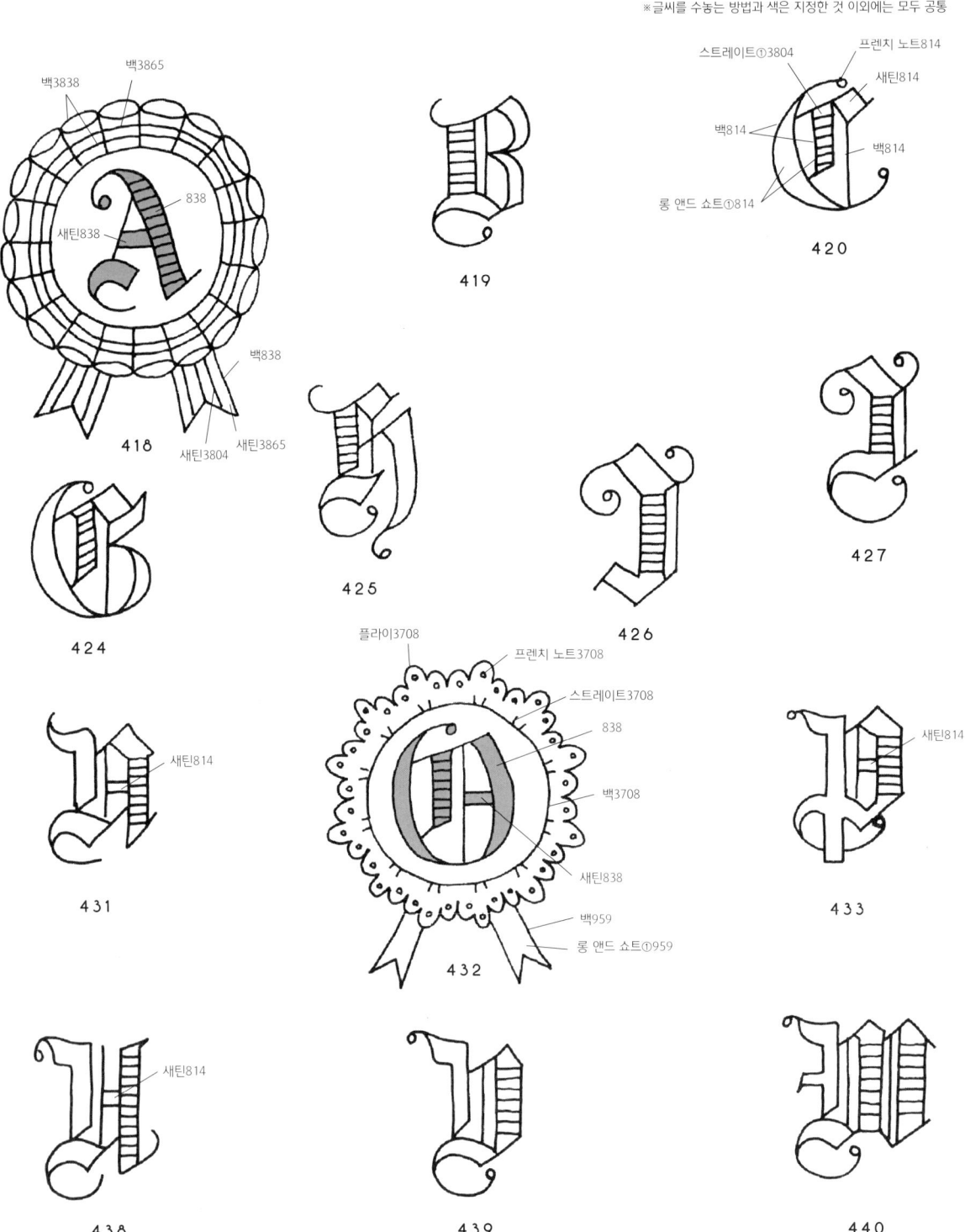

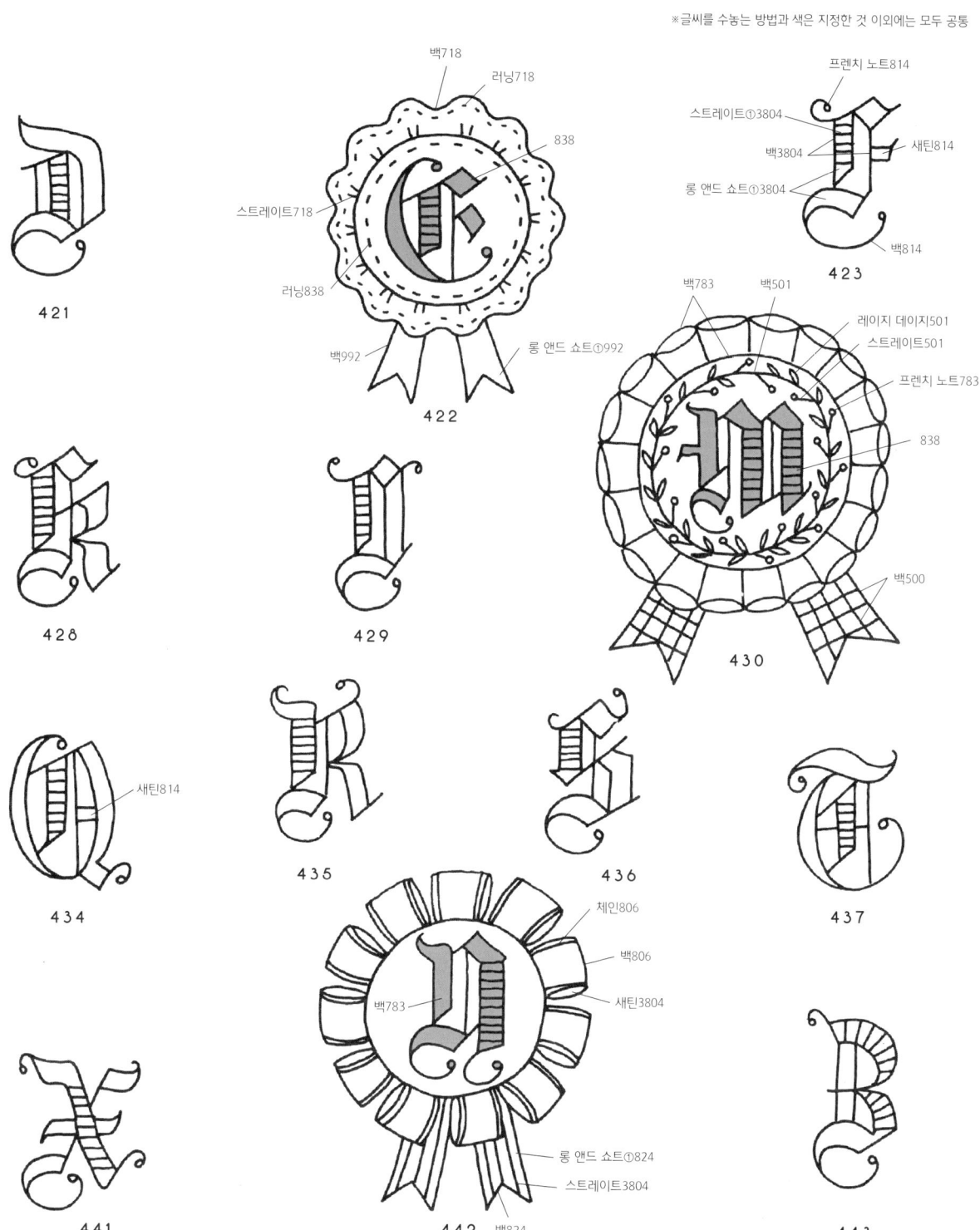

풍선

design & stitch ✿ 호리우치 사유리(堀内さゆり)

how to stitch ▼
p.70

깃발

design & stitch ✥ 호리우치 사유리(堀内さゆり)

how to stitch ▼
p.71

풍선

Photo ▶ p.68

※ 글씨・풍선을 수놓는 방법은 공통. 색은 각 도안 참조.
※ 풍선 끈을 수놓는 방법과 색은 공통.

실의 가닥수는 모두 2가닥. 숫자는 자수실의 색 번호.

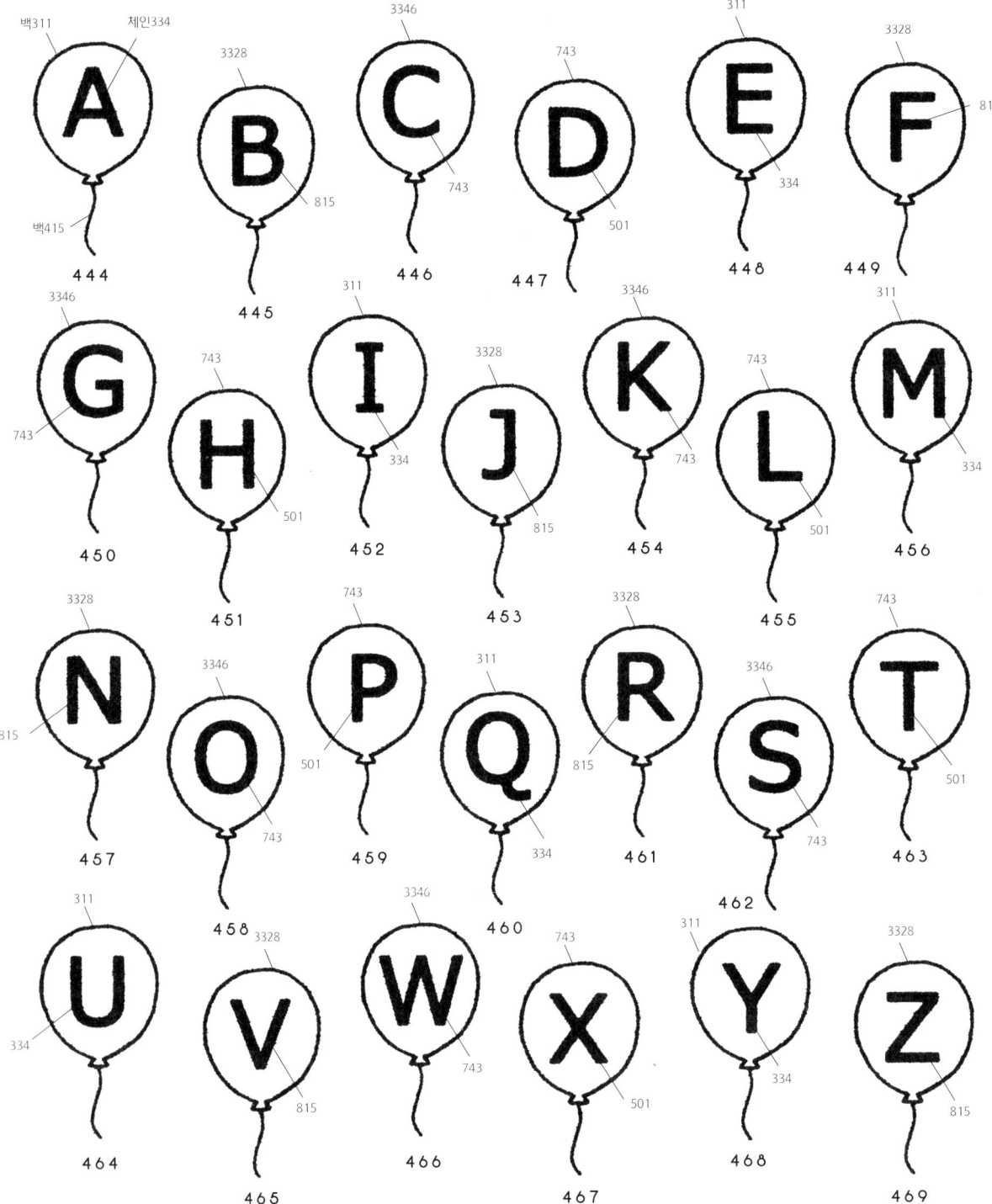

깃발

Photo ▶ p.69

※ 알파벳을 수놓는 방법과 색은 공통.
※ 알파벳은 윤곽을 백으로 수놓은 다음, 면을 새틴으로 메운다.
※ 깃발을 수놓는 방법은 공통. 색은 각 도안 참조.

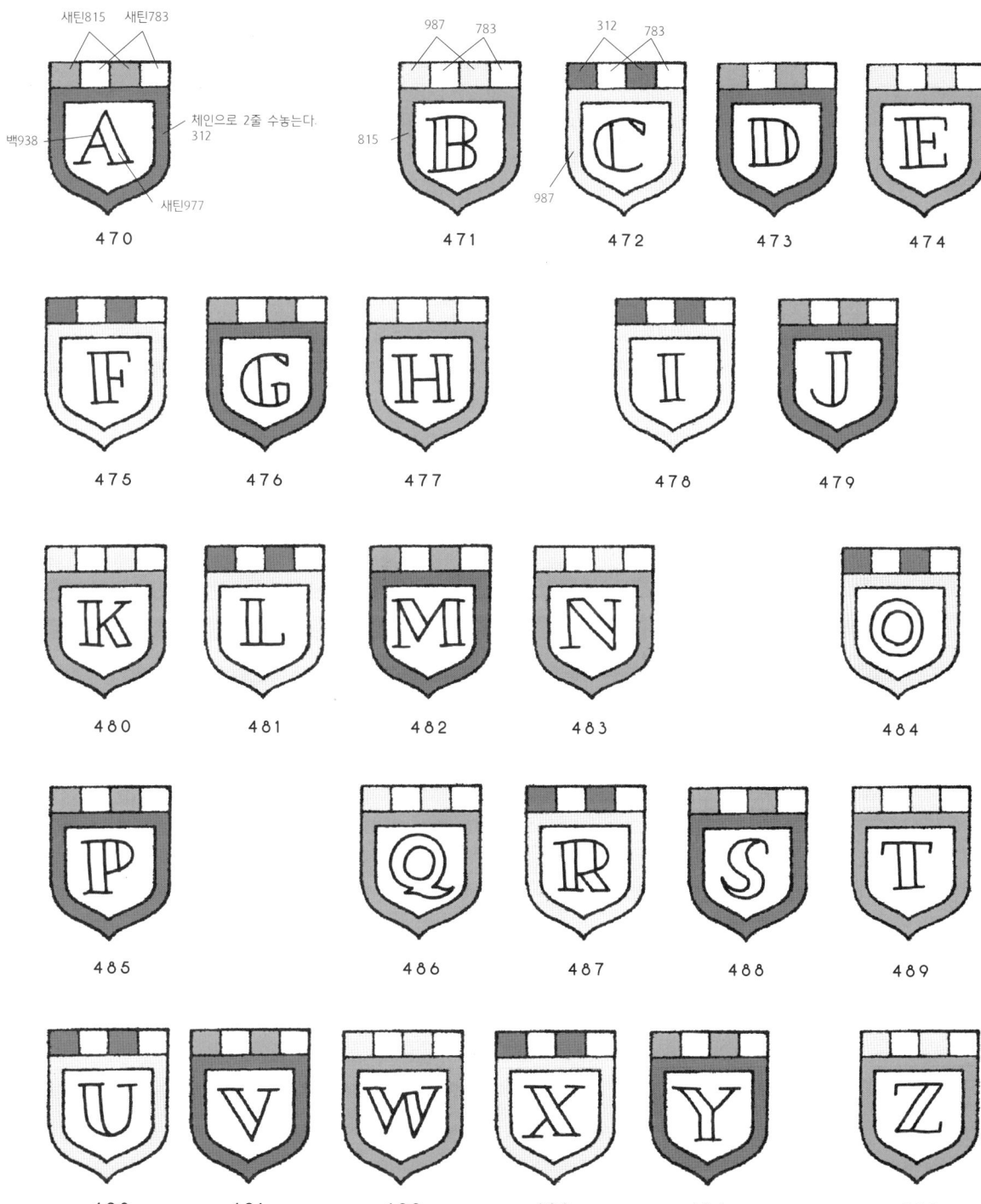

엠블럼

design & stitch ❊ 데라사와 가요코(寺澤佳余子)

how to stitch ▼
p.74

how to stitch ▼
p.75

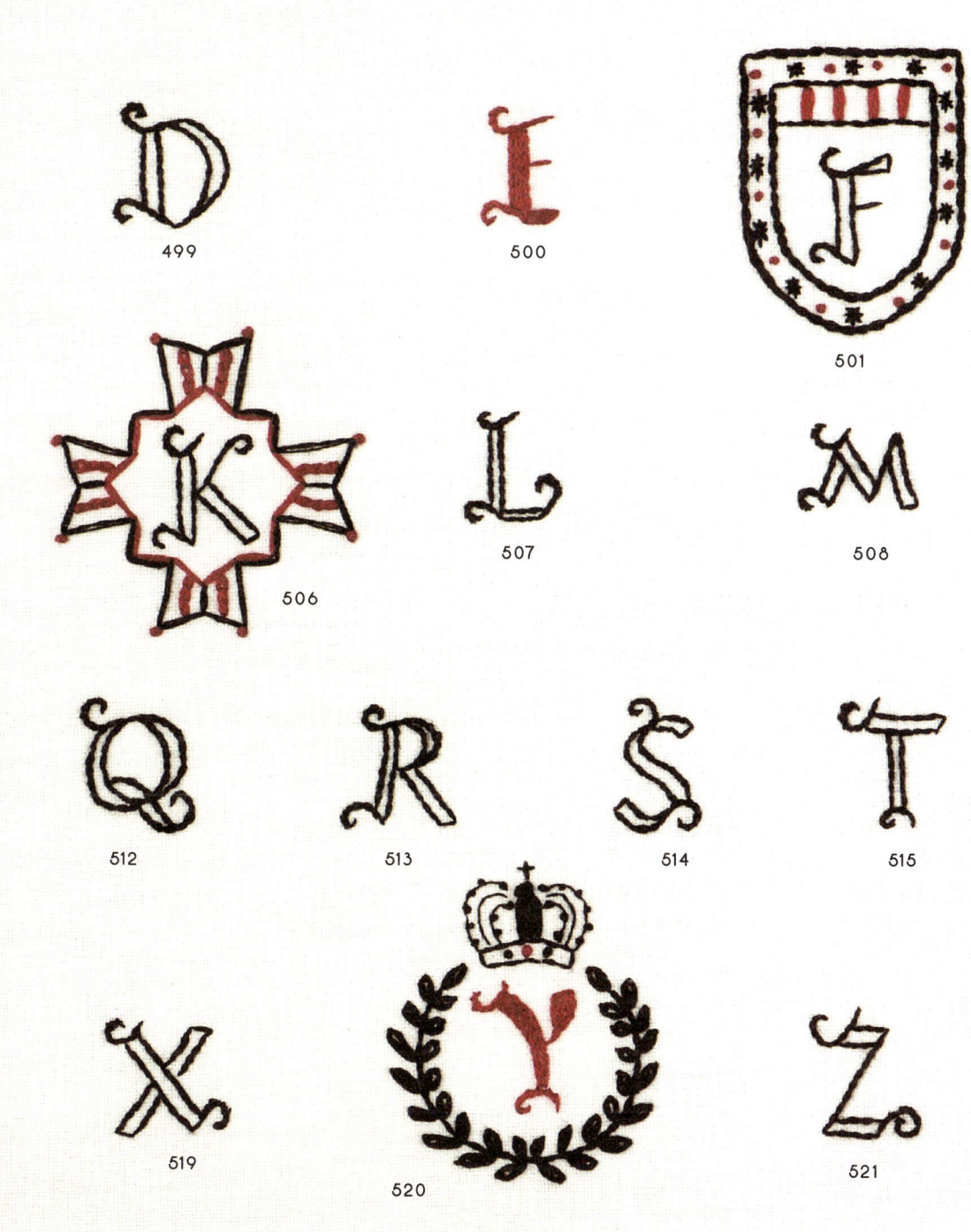

엠블럼

Photo ▶ p.72

○ 안은 실의 가닥수. 지정한 것 이외에는 2가닥. 숫자는 자수실의 색 번호. 프렌치 노트는 지정한 것 이외에는 모두 2번 감기.

※알파벳은 지정한 것 이외에는 모두 '아우트라인②310'으로 수놓는다.

○ 안은 실의 가닥수. 지정한 것 이외에는 2가닥. 숫자는 자수실의 색 번호.
프렌치 노트는 지정한 것 이외에는 모두 2번 감기.

Photo ▶ p.73

※알파벳은 지정한 것 이외에는 모두 '아우트라인②310'으로 수놓는다.

눈 결정

design & stitch ✤ 데라사와 가요코(寺澤佳余子)

how to stitch ▼
p.78

how to stitch ▼
p.79

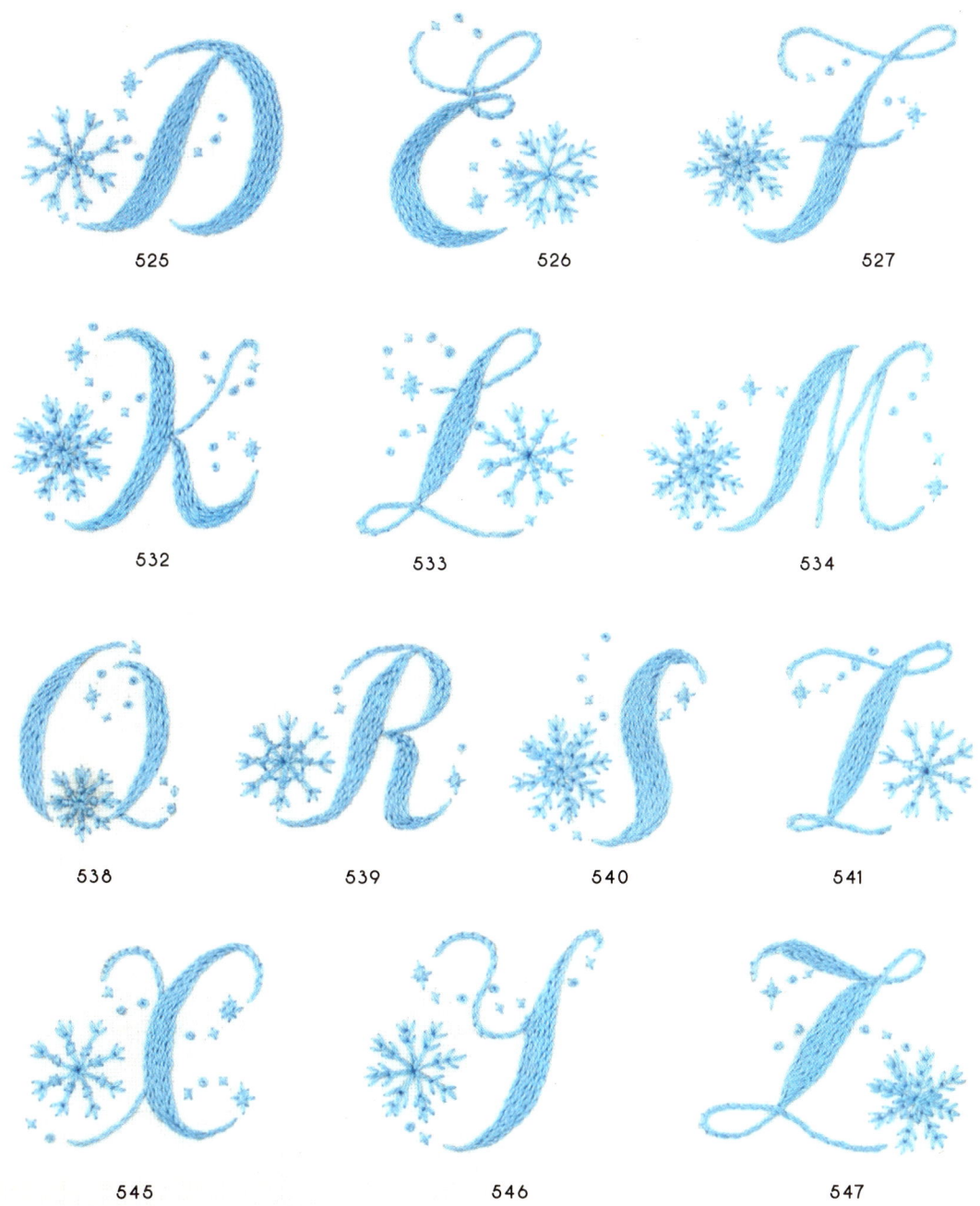

눈 결정

Photo ▶ p.76

실의 가닥수는 모두 2가닥, 색은 모두 996.
프렌치 노트는 모두 2번 감기.

※알파벳을 수놓는 방법은 지정한 것 이외에는 모두 공통.

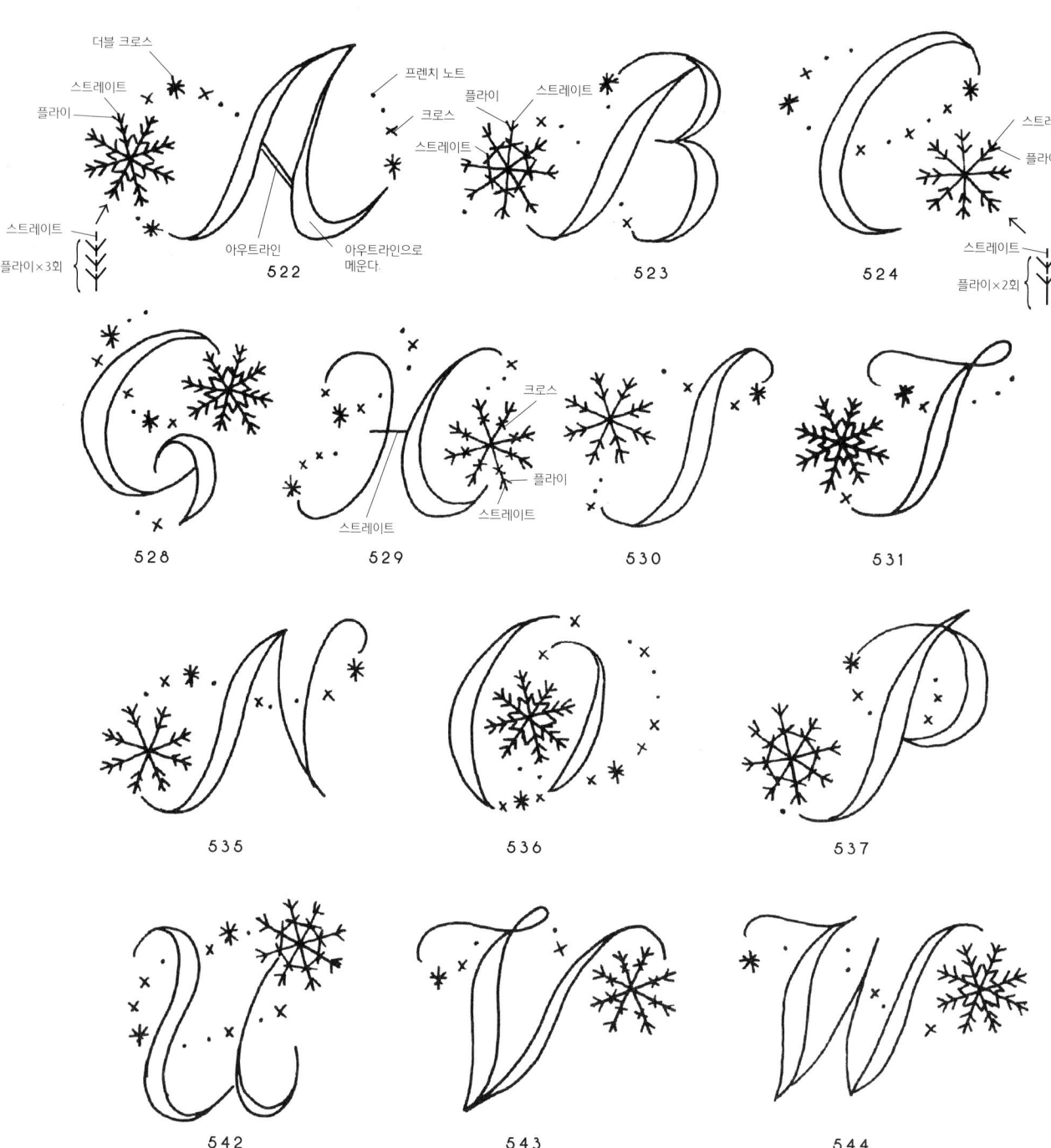

Photo ▶ p.77

실의 가닥수는 모두 2가닥. 색은 모두 996.
프렌치 노트는 모두 2번 감기.

※알파벳을 수놓는 방법은 지정한 것 이외에는 모두 공통.

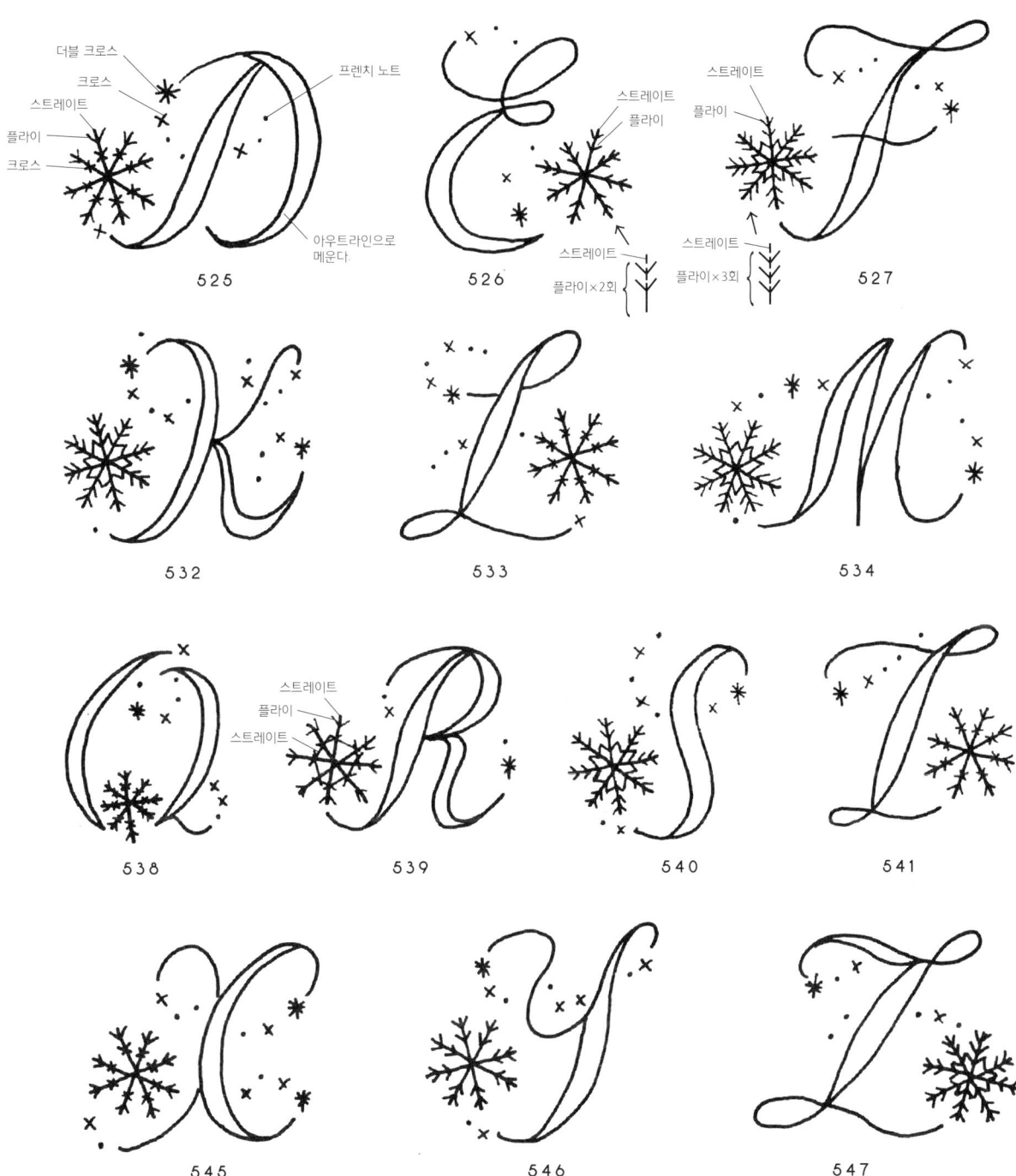

수놓기 전에

❦ 재료 및 도구

실

25번

5번

일반적으로 많이 쓰이는 것은 '25번 자수실'입니다. 가는 실 6가닥이 한 타래로 되어 있기 때문에 사용할 때는 1가닥씩 빼낸 뒤 필요한 가닥수만큼 합쳐서 사용합니다. '5번 자수실'은 1가닥으로 된 꼬임이 있는 굵은 실입니다. 이 책에 실린 도안들은 25번 자수실로 수놓았으며, 만드는 방법을 설명한 페이지에 언급된 실의 가닥수는 6가닥 중 몇 가닥을 사용하는지를 나타낸 것입니다.

라벨에 적혀 있는 숫자는 색 번호입니다. 같은 색의 자수실을 재구매할 때 필요하므로 마지막까지 라벨을 실에 끼워둔 채로 사용하세요.

바늘

프랑스 자수바늘

3호
5호
7호

자수용 바늘은 일반 바느질용 바늘보다 바늘귀가 큰 것이 특징으로, 실을 꿰기 쉽게 되어 있습니다. 바늘 끝이 뾰족한 '프랑스 자수용 바늘'이 어떤 천에나 잘 들어가서 일반적으로 많이 쓰입니다. 바늘에도 사이즈가 있으므로 자수실의 가닥수에 맞추어 바늘을 구분해 사용합니다.

가위

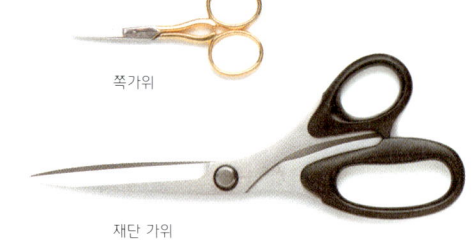

쪽가위

재단 가위

자수실을 자를 때는 끝이 가늘고 날이 잘 드는 작은 쪽가위를, 천을 자를 때는 재단 가위를 사용하세요.

천

코튼, 리넨, 펠트, 울 등 어느 천에나 자수를 놓을 수 있으나 일반적으로는 평직으로 짠 천이 수놓기 쉽습니다. 처음 자수를 배우는 사람이라면 자수 전용 천을 사용하는 편이 좋습니다. 한편 원 포인트 자수를 놓을 경우, 반드시 수틀을 사용해야 하는 것은 아닙니다. 그러나 얇은 천에 수를 놓거나 넓은 면적을 수놓을 때는 수틀에 천을 끼워 작업하는 편이 한결 수놓기도 쉽고 작품을 더 깔끔하게 완성할 수 있습니다.

❦ 도안 옮기는 방법

1. 천 위에 단면 초크페이퍼의 색깔이 있는 면이 아래로 가게 올려놓습니다.
2. 초크페이퍼 위에 도안을 베낀 트레이싱페이퍼와 셀로판지를 겹칩니다. 셀로판지는 매끄럽게 옮길 수 있도록 해주어 도안을 보호하는 역할을 합니다.
3. 위쪽에서 연필이나 가는 볼펜 등으로 도안을 덧그립니다.
4. 도안을 다 옮긴 모습입니다.

❦ 25번 자수실 다루는 방법

1. 자수실의 라벨을 가볍게 누른 채로 실 끝을 살짝 빼냅니다.
2. 40~50cm의 길이로 자릅니다.
3. 실 끝을 풀어서 가는 실을 1가닥 빼냅니다.
4. 필요한 가닥수만큼 합쳐서 가지런히 정리합니다. 6가닥으로 수놓을 때도 반드시 1가닥씩 빼내서 가지런히 정리합니다.

❦ 실 꿰는 방법

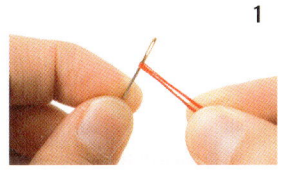   

1. 바늘의 옆면에 실을 걸어서 반으로 접은 뒤 가볍게 눌러 실에 접음선을 만듭니다.
2. 접은 부분을 바늘귀에 꿰입니다.
3. 실을 살짝 빼냅니다.
4. 실 끝을 잡아당겨서 10cm 정도만 바늘에 꿰어둡니다.

❦ 매듭짓는 방법

시작매듭

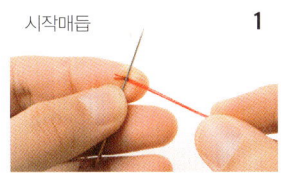  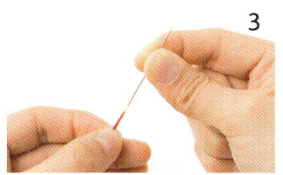 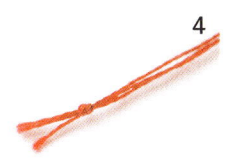

1. 실 끝에 바늘을 댑니다.
2. 바늘에 실을 1~2번 감습니다.
3. 감은 부분을 손가락으로 누른 상태에서 바늘을 빼냅니다.
4. 매듭이 지어진 모습입니다.

끝매듭

  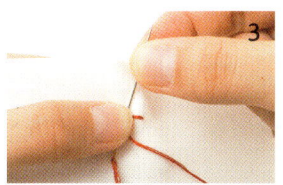 

1. 자수가 끝나는 위치(안쪽 면)에 바늘을 댑니다.
2. 실을 1~2번 바늘에 감습니다.
3. 감은 부분을 손가락으로 누른 상태에서 바늘을 빼냅니다.
4. 매듭이 지어진 모습입니다.

자수실의 가닥수에 따른 차이

※ 실물 크기 사진

실의 가닥수

25번 자수실로 수놓을 때는 실을 1가닥씩 빼낸 뒤 필요한 가닥수만큼 합쳐서 사용합니다.

가닥수에 따른 차이

동일한 스티치라도 실의 가닥수나 실을 감는 횟수에 따라 완성했을 때의 모습이 확연하게 차이가 납니다. 여기서는 선, 점, 면을 수놓는 스티치를 예로 들었습니다. 원하는 대로 변형하고자 할 때 참고하시기 바랍니다.

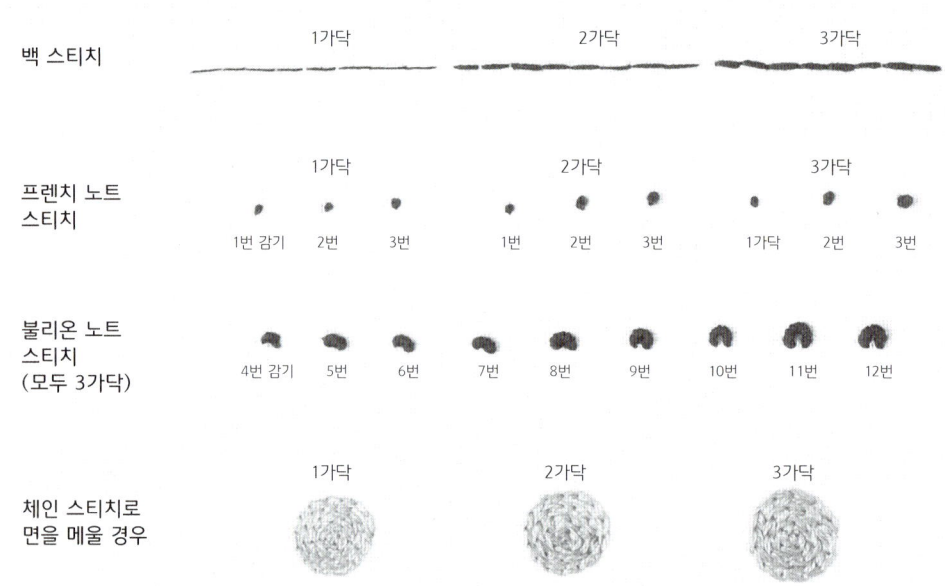

❦ 작품의 겉면과 안면

실 끝을 처리할 때는 겉으로 표시가 안 나도록 주의하면서 처리합니다.
겉에서 볼 때 실이 비칠 수 있으므로 동일한 색상의 실로 떨어져 있는 곳을 수놓을 경우에는 작품의 안면에 가로질러져 있는 실 사이를 통과시켜서 이동하거나 일단 실을 자르고 새로 수놓기 시작합니다.

겉　　　　　　　　　　　　　　　　　　　　　　　　안

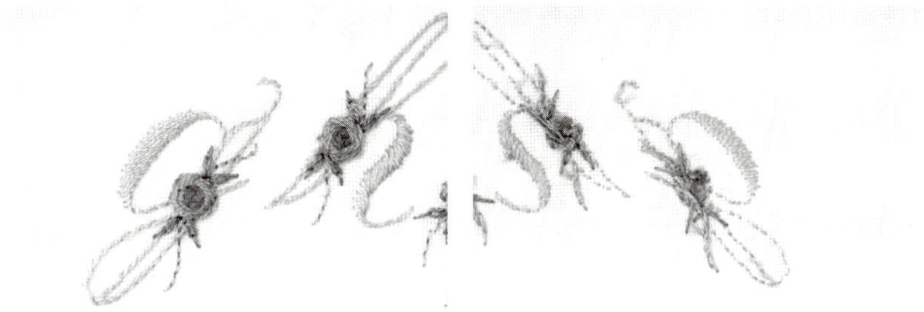

Whipped chain stitch
휘프드 체인 스티치

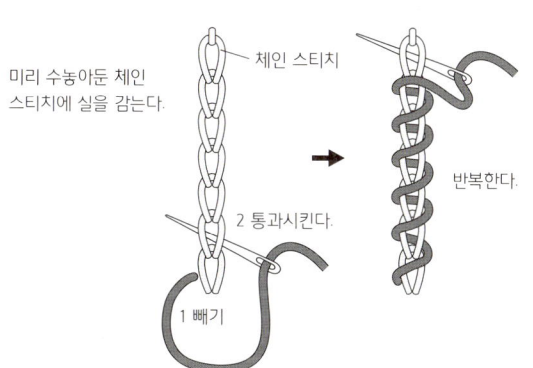

꽃·동물·엠블럼·로제트… 테마별로 수놓는 547가지 알파벳
프랑스 이니셜 자수

초판 1쇄 발행 2016년 12월 5일
초판 2쇄 발행 2018년 10월 4일

지은이 applemints
옮긴이 김수연
감수자 헬렌정(최수정)
펴낸이 김영조
컨텐츠기획팀 홍지은, 정보영, 구효선
마케팅팀 이유섭, 배태욱
경영지원팀 정은진
외부스태프 본문디자인 김영심
　　　　　　표지디자인 장혜림
펴낸곳 싸이프레스
주소 서울시 마포구 양화로7길 4-13(서교동, 392-31) 302호
전화 02-335-0385/0399
팩스 02-335-0397
이메일 cypressbook1@naver.com
홈페이지 www.cypressbook.co.kr
블로그 blog.naver.com/cypressbook1
포스트 post.naver.com/cypressbook1
페이스북 www.facebook.com/cypressbook
인스타그램 @cypress_book
출판등록 2009년 11월 3일 제2010-000105호

ISBN 979-11-6032-010-7 13630

· 이 책은 저작권법에 따라 보호를 받는 저작물이므로 무단 전재 및 무단 복제를 금합니다.
· 책값은 뒤표지에 있습니다.
· 파본은 구입하신 곳에서 교환해 드립니다.

이 도서의 국립중앙도서관 출판예정도서목록(CIP)은 서지정보유통지원시스템 홈페이지 (http://seoji.nl.go.kr)와 국가자료공동목록시스템(http://www.nl.go.kr/kolisnet)에서 이용하실 수 있습니다.(CIP 제어번호: CIP2016027195)